太平洋の架橋者 角田柳作

「日本学」のSENSEI

荻野富士夫 著

芙蓉書房出版

角田柳作（1877-1964）

福島中学校の同僚・生徒とともに（前列左から5人目）

仙台一中の野球部員とともに（後列左から3人目）

布哇高等女学校の実科卒業生とともに
（前列左から5人目、1912年）

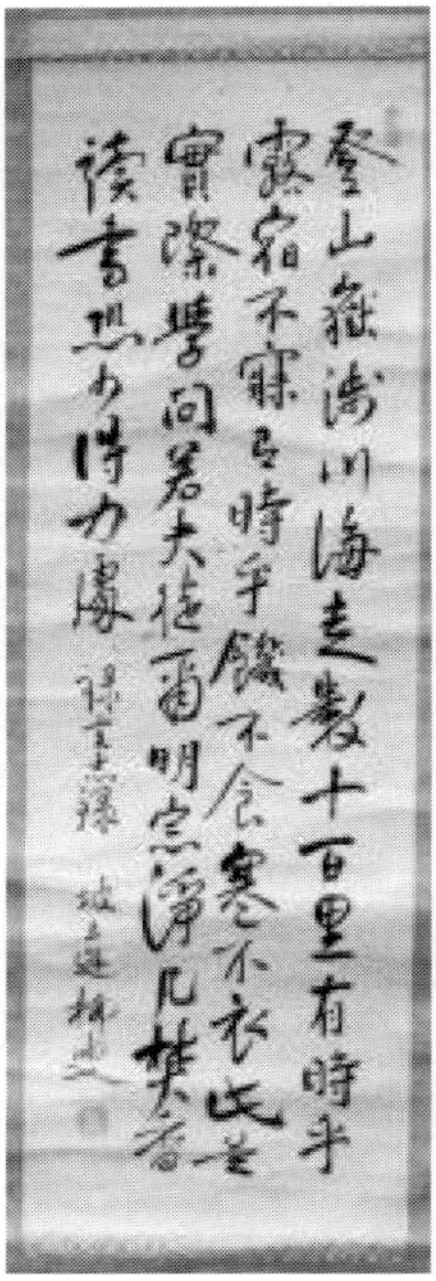

角田の書
「坡土遜」はハドソン川にちなむ号

図書・資料蒐集のために日本に帰国したとき（1927年）

ジョージ・サンソムと(1949年)
(サンソムは1948年、コロンビア大学東アジア研究所の初代所長となった)

親戚とともに(前列中央、1956年)

はじめに

ニューヨークのある本屋で手にしたアーサー・ウェイリーによる『源氏物語』の翻訳は、コロンビア大学の学生ドナルド・キーンに、それまでの「脅威的な軍事国家」日本という見方以外に、「美の国」という強い印象をもたらした。もう一つの偶然から一九四一年の夏に日本語を学びはじめたキーンは、「日本語の複雑な書き方」に「魅力」を覚える。一九四一年九月、四年生の新学期が始まり、日本語を本格的に学ぶことを決意したキーンは、角田柳作《つのだりゅうさく》の「日本思想史」を受講する。「日本研究は、当時は人気がなかった」ため、受講者はたった一人であった。角田を語る際に常に参照されるこのエピソードを、キーン『私と二〇世紀のクロニクル』(中央公論新社、二〇〇七年)から引こう。

たった一人の学生のために教えるのは、角田先生にとって時間の無駄だと私は考えた。しかもその学生は、日本について何も知らないに等しいのだった。私が受講辞退を申し出ると、角田先生は言った、「一人いれば十分です」と。

それから数週間というもの、二人の日系アメリカ人の学生がクラスに加わるまで、角田先生は私一人のために講義の準備をした。教室に入ると、いつも黒板はびっしり文字で埋まっていて、それは主に漢文の引用だった。私はそれを理解できなかったが、苦労してノートに写した。また先生はいつも、その日に講義するつもりでいる時代の日本の思想家に関する書物を、山ほど抱えてきた。それはただ、もし私が質問して、先生が記憶の範囲で答えることが出来なかった場合に備えてのことだった。

パール・ハーバー奇襲の翌一二月八日（実際には九日）、「角田先生の教室に行ったが、先生は姿を見せなかった」。スパイ容疑で拘引されたためだが、その嫌疑が晴れて大学に戻った角田は「ふだんと変わらず戦時中も学生を教えて過ごした」。戦後、コロンビア大学に戻ったキーンは、再び角田の下で勉強する。キーンによれば、「角田先生は、私たちに大いに酷使された」。「平安文学を読みたい者もいれば、仏教文学、さらに元禄文学をやりたい者もいた」ため、角田は専門の「日本思想史」に加えて、それらすべてを担当することになったからである。それでも、そうした日本文学研究への要求は角田を「元気づけた」。キーンはいう、「日本が戦争に敗れ、先生は憂鬱な気分でいた。おそらく先生は、アメリカが負けていたとしても同じように憂鬱になっていたに違いない。先生は日本の軍国主義にいかなる共感も抱いていなかったし、本国に送還されるよりはアメリカに留まる決心をした。しかし先生は、自分が生まれた国を忘れることは出来なかった。先生の悲劇は、二つの国を愛する人間だけが経験する悲劇だった」、と。

角田柳作はアメリカにおける「日本学」の父として知られる。また、コロンビア大学においては「SENSEI」（先生）といえば、角田を指すほど、その学識と人格に対して深い敬意が払われている。キーンらが接する一〇年以上前から角田はコロンビア大学の教壇に立ち、僅かながらも日本研究者を育てていたが、おそらく「SENSEI」の敬称が広く使われるようになったのは、キーンら戦後の第一世代の日本研究者がこの「日本学」をめぐって角田を「酷使」し、角田も若手研究者を鍛え上げていた、戦後数年間のころではなかったろうか。そして、第一世代の研究者がコロンビア大学をはじめ、各地で自立して第二世代以降の研究者を育てていくとき、日本研究の方法論の確立と多種多様の文献の整備と提供という意味で「日本学」の礎を築いた角田に対して、「日本学」の父という評価が与えられるようになったのだろう。

同時代にアメリカ東海岸にいたもう一人の日本人、エール大学教授の朝河貫一の知名度にはまだ遠く及ばないとしても、ドナルド・キーンのいくつかの文章に加え、永井道雄・司馬遼太郎らの言及、出身地の群馬県および出身校の早稲田大学関係者の史料発掘と論稿によって、角田柳作の存在は知られるようになってきた。角田の生涯のおおよその輪郭が描かれ、群馬・東京・京都・福島・仙台時代とハワイ時代、アメリカ本土渡航後のデンバー時代、すなわち角田の主に四〇歳までの前半生についてはかなり解明が進んだものの、「日本学」の父および「SENSEI」と呼ばれるニューヨーク時代の後半生の軌跡は、まだいくつかの証言を中心にして辿られるにとどまっている。

キーンの言にある角田の戦時下の「憂鬱」、そして「先生の悲劇は、二つの国を愛する人間だけが経験する悲劇だった」ということの内実は、何だったのだろうか。

本書は、角田の後半生ともいえるニューヨーク時代に焦点をあてている。角田の発心し、みごとに成就したThe Japanese Collection（「日本文庫」）の創立前史から設置、整備拡充の経緯、それと並行したコロンビア大学における「日本学」の「先生」ぶり、東西文明の調和を求めての思想の展開、戦時下における日米両国への忠誠心のありよう、そして戦後における構想の広がりなどは、新たな論点として提示しえていると思う。『紐育《ニューヨーク》新報』などの日系新聞に寄稿した角田自身の多数のエッセイ類、コロンビア大学のアーカイブス資料、外交史料館や三菱史料館の関係史料など、これまであまり利用されてこなかった文献・史料を盛り込み、ニューヨーク時代の角田について具体的に論述したつもりである。

角田柳作の実像と、「日本学」の父と呼ばれたその意味を明らかにしてみよう。

太平洋の架橋者　角田柳作――「日本学」のSENSEI――●目次

資料

I　道を求めての前半生

誕生から東京専門学校卒業まで

角田柳作は、一八七七（明治一〇）年一月二八日、群馬県勢多郡津久田村（現在の渋川市赤城町津久田）の農家に、父庄作、母ぎんの次男として生れた。兄保太郎、姉さくがいる。のちに自らの出生について、「予は明治十年一月、棚下村不動明王の縁日を以て、赤城山の西、榛名山の北、利根川ゆるく流れて秩父遠くかすむの境に生れたり」（『へだてぬとも』〔東京専門学校文学科第四回卒業文集〕、一八九六年）と記している。保太郎の記した『思ひ出の記』には「其の頃の我が家庭は、至極円満で、表には商店があって、祖母は雑穀と雑貨の商業を気楽に営んでいた。家は当時、村内でも富裕の暮しで、村中五指を屈する中に入った」とある。柳作五歳のとき、父庄作がコレラで急逝し、祖父金造と母ぎんによって育てられた。その後、八歳年長の兄保太郎が敷島郵便局長などを務めて家計を支え、柳作の面倒をみる。

「弟は一寸群を抜いている、幼少の頃から偉物で正に鶏群の一鶴の観があった」（『思ひ出の記』）と、その資質と才能を認めた保太郎は、柳作の教育に力を注いだ。学齢前に鳩杖小学校に入学させたほか、中学受験を前にして、北甘楽《かんら》郡の友人角田伝に預け、英語や数学を学ばせた（北甘楽第一小学校に転校）。「一を聞いて十を知るといふ神童」で、「僅々三ケ月位にて英語などは同級生中にても良く出来る方」（角田伝編『七十余年の回顧録』、柳井久雄『角田柳作先生』より再引）になった柳作は、一八九〇年四月、前橋市に移転したばかりの群馬県尋常中学校（のちの前橋中学校、現在の県立前橋高校）に入学する。

この中学時代についてはほとんど不明であるが、成績は優秀だった。一年次の成績は六〇人中七番目で、大半の科目が九〇点以上なのに対して、「行状」のみ六三点と低い。二年次は三八人中九番目で、なかでも英語書取と地理は九五点だった（『上州風』「特集　SENSEI／せんせい」第四号、二〇〇〇年九月）。のちに群馬県尋常中学校学友会の『学友雑誌』第一六号（一八九七年八月）に寄稿した「柳母自慈」には、「嘗つて中学の寄宿舎にある頃、小説を読むの利害と題して矯風会に討論せし事ありき。其折の我は之を読むを非なりとせし一人なりき」とある。何が転機になったか不明ながら、その後「文学の道」に入り、「動き易き心忽ち周囲の誘う処に任じて当代小説は更らなり、古くは寛政、文化、享保、元禄、或るは紫式部、清少納言等の猥褻なるさへ、之を朝夕に繙《ひもと》く様になりぬ」となる。

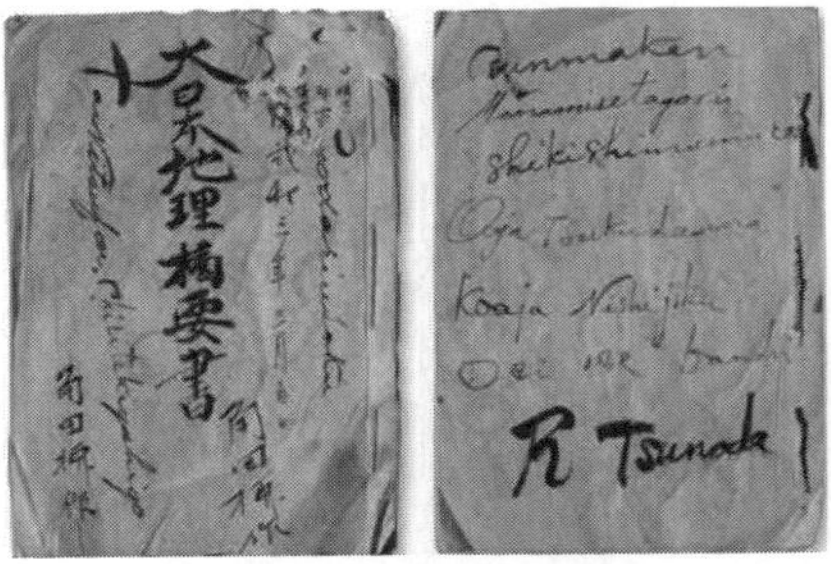

柳作の中学時代のノート

生家に残る土蔵
（柳作はこの2階で勉強したという）

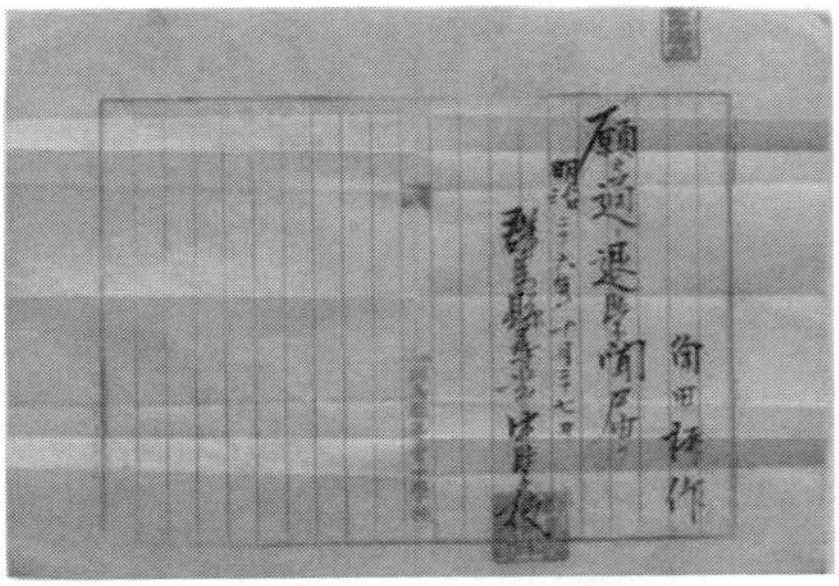

群馬県尋常中学校退学聞届書
（1893年10月25日に退学届を提出し、27日付で受理されている）

柳作入学当時の東京専門学校（創立10年を経たころ）

中学に入って間もなく、一八九〇年六月には東京に出て、内国博覧会や大学などを見学し、銀座や京橋を歩いている。翌九一年一二月には「上野之美術館」などを見て回っている（赤城村教育委員会〔角田修執筆〕『角田柳作』、「文化財関係資料集」第七集、二〇〇五年）。

四年生の半ばころ、何らかの問題で学校と対立してと推測されているが、一八九三年一〇月二五日、退学している。及第点ぎりぎりの「行状」に示されるように、権威や制度への反発があったのだろうか。

この直後、角田は東京専門学校（現在の早稲田大学）に入学する。保太郎『思ひ出の記』によれば、「当時の学生の気風は、帝国大学を最高学府として羨望したが、また反面官学を嫌う風もあった。弟も亦之を嫌って大隈伯が創設して当時鳩山和夫先生が校長をしていた同校へ入学した」という。角田柳作の学んだ文学科の同期入学は四四人で、大西祝《はじめ》（哲学）・坪内逍遥（英文学）・三上参次（史学）らの教員を擁していた。ここでも上位の成績だった。この東京専門学校在学時についても詳細は不明である。坪内逍遥とシェークスピアをめぐって応酬があったこと、外国人講師アーサー・ロイドの刺激を強く受け、宗教、とりわけ仏教への関心を深めたことが知られている。九六年七月二九日、卒業する。

文学科第四回の卒業文集『へだてぬとも』に寄せた角田の文章からは、早稲田時代の鬱屈とした、悩める姿がうかがえる。「我は只内心の命令によつて、潔く身を処せんとしき、我が決心を勇ましかりき、されど数回の失錯は、予をして謂ふ所の理性なるものゝ、甚しく空なるものを悟らしめき」となり、「我が心は渣滓《さし》〔かす〕を以て満たされたり、汚れたり、よごれた

東京専門学校時代の学友と。後列中央が柳作

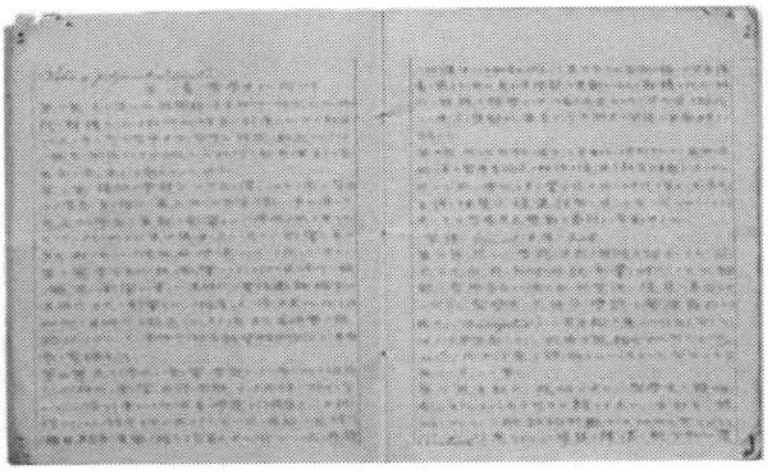

大西祝「哲学史」講義ノート

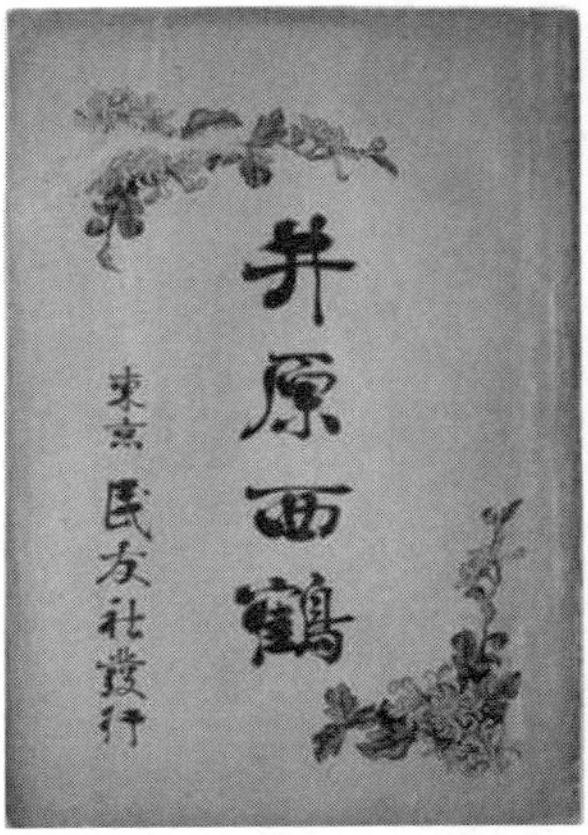

角田柳作著『井原西鶴』(民友社。1897年5月。最初の西鶴についての単行書)

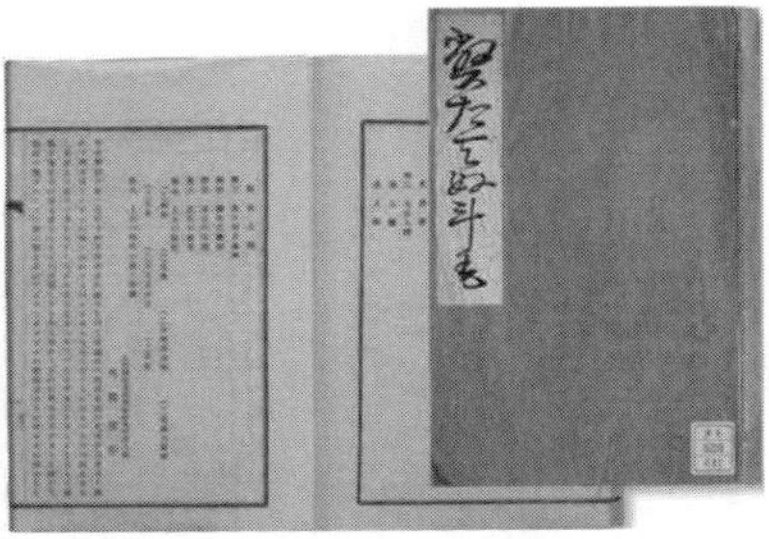

東京専門学校文学科第4回卒業文集『へだてぬとも』(1896年12月。荘子についての卒論「上古の開化に就て詳説」の概要を掲載)

り、腐れり、にごれり」と自嘲するまでになる。「数回の失錯」とよぶもののなかには腸カタルでの病臥のほか、挫折や落胆、失意があったのであろう。おそらくジタバタしながらも、この「飾《かざり》多き詐《いつわ》り易き我が心をば改め得べきか」と発心し、「古人が嘗て如何に人生を観ぜしか、如何なる解答をもち来たりしかを辿る」ことに思い至る。そのなかから角田が選んだのは、「万古聖賢の奥殿」にいる孔子やソクラテス、釈迦、キリストではなく、「寧ろ世の主我的なる、弄世的なる、或は遁世的なる、脱落的なる人」、荘子であった。これが卒業論文となる。

しかし、「仰か〔ママ〕人生につきて問ふ処あらん」という立場から荘子論を書きあげても、「四面南北、皆これいばら、只迷陽の吾行を傷《いた》ぶらんとするのみ」と記すように、角田の迷妄は晴れることはなかった。それでも、「只不退転の勇を鼓して、精神業に涙に随《したが》いんかな」という覚悟をもって社会への第一歩を踏みだしていく。「長《とこし》へにこの醜肉団を将《ひき》ゐて、長途漫々の世路に転ずべきか」という予感を抱きながら。その後の角田の生涯の変転ぶりをみるとき、それは「只不退転の勇を鼓して」、「人生につきて問ふ処あらん」という求道の連続であった。

「ひどい奴でエライ奴」

一八九六年七月、東京専門学校を卒業した角田は、徳富蘇峰の国民新聞社に入社するが、それに先立ち、「未解放部落問題」に身を捧げようとしたことがあった。永井道雄「日本をたずねる生涯の旅　角田柳作」(『異色の人間像』所収、一九六五年)から引こう。

私の胸をうったのは角田の未解放部落問題についての経験と、これを語ったときの口調であった。——学校を出ると彼は、当時、近代化をすすめつつあった日本に、いまだに深刻な部落問題があることを考え、その解放のために働くことを決意した。京都に旅して駅をおり、部落にいったのであるが、おりから雨が降りしきっていた。

彼がはいていた下駄はぬかるみに足をとられた。思わずじっとたたずむと、目の前に部落民の家の台所があることに気づいたが、そのなかはいかにも貧しく汚いものであった。かけた茶碗が見え、よごれた皿があった。そのとき彼をおそったのは自分はだめだというはげしい感情であった。自分はここで身をささげて働くことができない。ぬかるみのなかをもときた道へ、重い足をはこんだ。

宗教への関心から導かれたと思われる「未解放部落」の差別への着目と未遂に終わりながらも身を投じようとしたことは、社会の不条理や矛盾に対する漠とした意識の高まりがあり、「人生につきて問ふ処」があったからだろう。のちのハワイ渡航前には台湾への移住を志したこともあった。そうした挑戦と挫折は、角田のなかに「内面化され、糧となって、蓄積されていったように思われる」（佐藤能丸「角田柳作と早稲田大学」『早稲田大学史記要』第二八巻、一九九六年、のち同『異彩の学者人脈』〔芙蓉書房出版、一九九七年〕）。

東京専門学校卒業半年後の一八九七年一月、角田は国民新聞社に入り、雑誌"Far East"の校正係となる。この職務にしたがう一方で、五月、角田は『井原西鶴』を民友社から刊行する。中学時代から親しみながら、しばらく遠ざかっていた「浮世草子」を再び手に取り、西鶴に関心を寄せたのは自らの心境の変化だという。かつて西鶴を「ひどい奴」と考えていたが、「エライ奴」という他人の評に動かされ、再読してみたところ、「嘗てはむさし、きたなしと思ひたる事は、さのみはと思ふ様の心と成りて、却つてこの影に潜む西鶴こそ怪しう、にくさげなる人なりと思ひ、気味よき我慢の男なりと想ひむ」となった。「この間、我が心次第次第に世間と染みて」という心境の変化が生じ（理性への不信や「主我的なる、弄世的なる、或は遁世的なる、脱落的なる」ものへの関心が数えられるだろう）、「我と我身を顧る時我情鬱勃として意志も之がためにあやうく、我見たる西鶴と、其折の我との間に、いみじふ似通ひたる節のある様思はれて来ぬ」（以上、「自序」）と、角田は西鶴と自らを重ね合わせた。西鶴研究に関する最初の本で、刊行後の書評などは芳しくなかったものの、わずか二〇歳という若さで、「ひどい奴でエライ奴」という一筋縄ではいかぬ人間の複雑さを、西鶴を通して自らの問題として捉えることになった。

時期は不明ながら、国民新聞社から、菅原伝・日向輝武らを擁する「人民新聞社」記者に転じている（一八九九年元旦の年賀広告〔『憲政党党報』第一巻第三号〕）が、そこも九九年四月には退社し、出版社の開拓社に移った。この時期、角田は兄保太郎に送金をしており、経済的自立がなされていたことが推測される（赤城村教育委員会『角田柳作』）。

宗教を教え、学ぶ

一八九九年二月、角田は開拓社よりベンジャミン・キッドの『社会之進化』という訳書を刊行する。その「緒言」において、「実は其文明と称し、進歩と称するもの、概ね形式的守旧的の者に外ならざる也。若し夫れ殻を出でゝ天日始めて有り」と、翻訳の意図を語る。「進歩の制約は理性の制裁を容《い》るものにあらず」「人類の進化は本来智力的のものにあらず」という章のタイトルにも、角田の文明観がうかがえる。

この人間や文明そのものの探求への意欲は、角田をあらためて学ぶものとした。その姿勢は一生涯つづくことになるが、当面は関西に赴き、「仏教の勉強を志し、高野山で真言宗を学」ぶ（永井「日本をたずねる生涯の旅　角田柳作」）。この間のことは、内海孝「角田柳作のハワイ時代」（『早稲田大学史記要』第三〇巻、一九九八年）、同「角田柳作のハワイ時代再論」（同第三一巻、一九九九年）が詳細に新事実を明らかにしている。沢柳正太郎の紹介で赴任した京都真言宗聯合高等中学林には一八九九年八月から一九〇二年八月まで在職し、「英語、歴史、地理」を教えた。一九〇〇年三月から真言宗の上田照遍と長谷寶秀に学び、〇一年

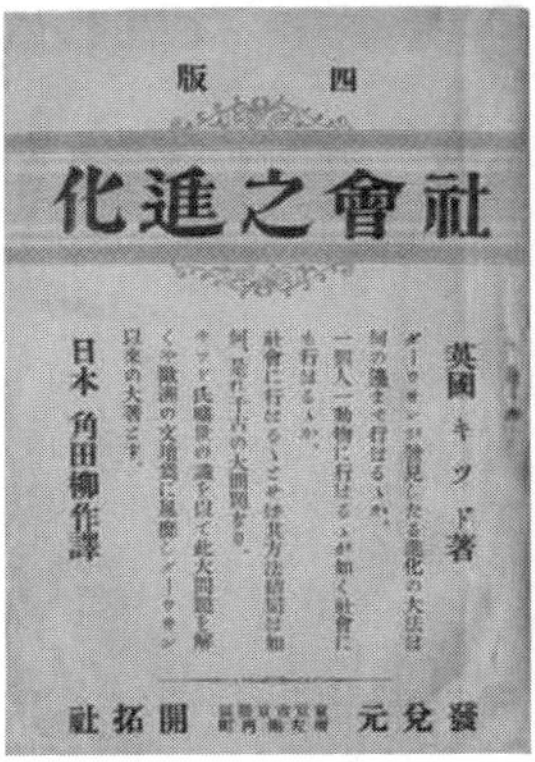

ベンジャミン・キッド著『社会之進化』（角田柳作訳、1899年）

一月から同志社神学校でも聴講している。真言宗にとどまらず、仏教全般を、さらに宗教全般について、広く深く角田は学ぼうとしている。

一九〇〇年一月には、生家のすぐ近くの角田やすと入籍している。長男浩平（同年二月）、次男健作（一九〇一年八月）、長女ちづ（〇三年二月）、次女しづ（〇五年三月）、三男力三（〇六年五月）、三女ミキ（〇八年一月）、四女富士子（〇九年一二月）、四男良平（一三年二月）が誕生する。

この京都時代、角田は真言宗伝燈会の刊行する雑誌『伝燈』で、独特の宗教観・倫理観を展開している。最初の登場となる第二〇一号（一八九九年一一月一三日）の「宗教的遠征」と題する論説では、「宗教家の多くが次第に野蛮力を失し、武人的気風を脱し、滔々相率ゐて世の学者、経済家の門に下り、主智拝金を以て一代の能事となし、遠征冒険に国民的活動の先駆たるべき天職を放擲するを見ては、猛然として敢て弾劾文を草せざるを得ざる」と論じる。角田が求めるのは、「かの不毛を跡《わた》り、深林を超えて、或は天外に別乾坤を拓《ひら》き、或は蛮族に仏陀の光明を与ふるが如き」、「仏教徒の一大飛躍」であった。次号（九九年一二月一三日）の「宗教的移民」でも、「新日本の国民は正しく冒険遠征の民たらざるべからざるを想ひ、海洋的膨張の運命を有するものなる」と述べ、真言宗の移民部創設も提言する。

第二〇四号（九九年一二月二八日）の「明治三十二年を送る」では、「社会に於ける宗教家の地位は到底今日の儘に推移すべきにあらずして、必らずや大に世の信頼、徳育の源頭なりと称せらるゝ期あるべし、是れ正に宗教家の大覚悟を要すべきの時なり」と論じる。それは宗教家の現状に大いに不満があるからである。「仏教徒は山寺に教を誦するの外、時に村里に托鉢するの外、葬式に引導するの外、実に社会の家庭に於て、制裁に於て、果して何等実際に貢献しつゝあるか」と問い、「社会の仏教に対する冷情は、仏教の社会に対する懈怠《けたい》に因するもの多し」と断じる。こうした手きびしさは、宗教、とりわけ仏教への期待が大きいことの裏返しといってよい。

これらの論説では、仏教以外の宗教にも関心を寄せ、キリスト教はいうまでもなく、天理教や蓮門教にも論及している。角田の根底に、「世界の宗教は凡て有機的に一体たり得べき事は、この宇宙の一体たると同じ事である」という確信があるからであろう（「仏教に対する新年の希望」、第二〇五号、一九〇〇年一月一三日）。

『伝燈』論説では、第二二九号（〇一年一月一三日）の「物質的文明を論す」も注目される。当時、世紀末、あるいは亡国的状況を憂える声が高まったことに角田は違和感を覚えていた。「余は平生無暗に仁義のと正義のと高言長語し、千早振る神世の昔を唯をしと恋ひ、現代の事し言へば末世澆季《ぎようき》、人情卑俗などいふを片腹痛し」と考えていたが、そうした「バチルス党」に社会がなびく気配があることへの憂慮が、この論説を書かせた。

「物質的文明」を呪詛する「其声の稍々《やや》大なる」ものの第一の「難」として功利主義をあげ、「之に執するもの〻愚」としつつ、それが「よく一代教化の進運を導き、かの人情主義の爛弊を救ふの功は滅すべからず」と論評する。「第二の難」とされるのは社会主義で、「殆と歴史上の根拠なきもの」として次のように切り捨てられる。

物質的文明の激甚なるが故に、特にこの隔絶を甚くせしと謂はんや、若し夫れ生存競争の激甚なるは、人口の増殖より来る必然の結果のみ、之を以て物質的文明を責むるか如きは素より冤也、吾人は追て十九世紀の力が、ただ多く貧民の状態を改善せし実証を有す、疑ふものはかの慈善的施設の如何に盛大完全に近きつゝあるかを想ふ可し。

二年前に刊行したベンジャミン・キッドの訳書『社会之進化』のなかには、「社会主義は遂に之れを実現するに由なからむ」とあった。「社会主義の主眼とする処は、現代人の利福を謀らんが為め、将来の利福を謀らんとする発達力たる他愛的感情を排去せんとするにあり」とみなし、この「他愛的感情なきの社会にありては、富者益々富み、貧者いよいよ傾き、権者いよいよ強に、平民ますます弱なる天地万里の懸隔を再ひ演じ出ん」と予測するからである。このキッドの論に角田が影響されていることは疑いない。

もとより、角田も「今日の事態に悉く満足を表するものに非ず、殊に貧民問題の如きは、改良と共に改良を加ふるの要ある」と考えている。実際に「未解放部落」の悲惨さも実見していた。おそらく角田にとっては、その後も一貫して社会科学的な観点からの発想とアプローチは無縁で、こうした「貧民問題」も宗教や倫理学の観点からの解決がめざされたといえよう。

のちに『新仏教』第六巻第八号（一九〇五年八月）に寄稿した「光明遍照」のなかで、角田は「汎神教徒となつた因縁」を語っている。京都真言宗聯合高等中学林に在職中のあるときまでは「エラクなりたい、エラクなりたい、といふ様な情が、心の底に蟠《わだかま》つて居て、家庭にあつても家庭の温味を解せず、暇があれば八条下りから態々《わざわざ》同志社の図書館に通ひ、家にあれば一室に閉ぢ籠つて、ヨリスガル子供を、妻に小言の百万遍、膝に乗せて見様ともしなかつた」。ところが、一九〇一年三月、二歳になった長男浩平を急病で失うと、強い慚愧の念にかられる。さらに中学生を引率した琵琶湖で、島の絶壁に咲く「小輪の小菊」に、「いかなる難境に当つても其使命を全うせずんば已まぬ覚悟」をみてとる。

こうして、英雄豪傑や教祖宗祖ではなく、「何等枢要な地位を占めて居ない、謂はゞ日蔭の露の雫の様な者」に心動かされるようになった。「釈迦、基督と称する様な御方でも、要するに、幾千万無名の教主の一代表者たるに止まる」ともいう。すなわち、「微物の感化の大いなる事、かくれたる努力の価ある事」などに気づき、あらゆる人・事物に敬虔で謙虚な気持ちを抱くようになった。一〇代後半から二〇代半ばにかけて、「エラクなりたい、エラクなりたい、といふ様な情」に捉われ、それゆえに鬱屈も迷妄もくぐってきた角田の一大転機が訪れたのである。

福島・仙台時代

一九〇三（明治三六）年四月四日、角田は福島県立福島中学校（現在の県立福島高校）に赴任する。英語と倫理学を担当し、月俸は校長を除いて最高の五五円だった。野球部や文芸部の顧問となっている。生徒に慕われ、角田も生徒を愛した「先生」だったことは、角田離任時の五年生と一緒に撮った記念写真裏面の「春風秋雨、之ニ対シ、当時ノ逢遭ヲ回顧スル毎《ごと》ニ、奥底ノ琴線、低鳴シテ其止マルヲ知ラザルモノアリ」（佐藤「角田柳作と早稲田大学」より再引）という言葉、その五年生宛ての「叱咤、時に哄笑、時に憤慨、時に破顔、諸兄と感情の浮沈を共にし同じ調べに奥底の琴線を鳴らし」た（内海「角田柳作のハワイ時代再論」より再引）という書簡の一節にうかがうことができよう。

このうらやむべき師弟関係ゆえに、いわゆる「角田事件」が起り、角田は仙台に転出せざるをえなかった。一九〇八年九月、皇太子（のちの大正天皇）が福島中学に行啓した際、授業を「台覧」する予定だったが、都合により取り止めになったため、生徒の一人が奉迎送に参加せずに早退してしまった。この生徒に対して学校側がとった「処置」に、角田が「異存」をとなえたため、学校側は角田も転出させることになり、生徒たちが留任運動をおこそうとした事件である。角田は生徒に「自重」を求め、仙台に去った。

一〇月三日、角田は宮城県立仙台第一中学校（現在の県立仙台第一高校）に転じ、英語と倫理学を教えた。しかし、この在職は〇九年四月までのわずか半年で終わる。ハワイ渡航を決断したのである。

福島中学の五年間と仙台一中の半年間も、角田は学び、研究する人だった。この時期に活字として発表されたものの一つに、『六合雑誌』でのヴントの「宗教に関する部分」の翻訳がある（「神話と宗教」〔第二六二号、一九〇二年一〇月〕、「道徳的理想としての神」〔第二六三号、同年一一月〕、「宗教

1908年頃の家族写真（裏に「角田柳作様　大将　角田ヤス様　中将」などと、次男健作が記している）

福島中学野球部（1905年頃、野球好きの角田は早稲田大学野球部の選手を招き、指導をうけた）

仙台第一中学校教員時代（1909年。前列左から5人目が角田）

と道徳的世界秩序」〔第二六四号、同年一二月〕、「風俗と道徳的生活」〔第二六六、二六七号、一九〇三年二、三月〕）。「この頃、進化論と宗教、そして、道徳や倫理の問題が角田の精神生活、そして、実生活に抜き差しならないものとしてあった」という佐藤能丸の指摘（「角田柳作と早稲田大学」）は首肯に値する。

ヴントへの傾倒は、一九〇四年八月の『ヴント倫理学史』（金港堂書籍）の翻訳刊行に至る。ヴントの「道徳的世界観」の訳出で、かつての京都真言宗聯合高等中学林に在職中から手がけていたものである。

仏教界の現状への不満と改革の認識は、角田を境野《さかいの》黄洋らの新仏教徒同志会に接近させたのだろう、機関誌『新仏教』にも寄稿している。第五巻第二号（一九〇四年二月）からは、パウルゼン『倫理学』から「基督教の人生観」を訳載している。その関係から、一九〇五年六月には新仏教徒同志会の「未来世界の有無」についてのアンケートに答えている（新仏教徒同志会編『来世之有無』）。ふだんは考えてもいないが、この機会に「一と理屈つき候」として、「ホヤホヤの意見」を次のように述べている。角田にとって「来世」とは「時間上の来世」、つまり「子々孫々に在りては勿論現世なり」という。

（三）其状態は進化の逓次に一歩を進めたるの状態なり。神性の一層顕現せる状態なり。吾等が一層満足の心もて眺め得べき状態なり。

（補）統体の進化は個体の努力と犠牲とによりてなり、個体の努力と犠牲とは唯統体に於て其果を得。統体は神也。神は三世に遍満す。吾等は吾等の努力と犠牲とによりて永生の神に帰入する也。

角田は社会や人間の進歩に肯定的・楽観的であるが、それは各個人の並々ならぬ「努力と犠牲」によってはじめて実現が可能となると考えている。それは生涯を貫く確信といってよい。「吾等は吾等の努力と犠牲とによりて永生の神に帰入する也」という覚悟は、前述したような「微物の感化の大いなる事、かくれたる努力の価ある事」を大切にする心境と照応している。

本願寺布哇中学校長

一九〇九（明治四二）年五月一五日、家族を群馬の実家に預けた角田は単身で横浜港を出航し、二四日ホノルル港に到着する。仙台一中は四月三〇日付で「休職」となっていた。内海孝「角田柳作のハワイ時代」によれば、それは「かれがハワイでの生活に不安をおぼえながら、万一のときには帰国しても職場復帰できる態勢をととのえたことを意味する」。京都時代の教員ぶりに着目されてハワイの中学校長としての招聘の打診を受けた際、まったく新しい生活での不安を抱えながらも角田を決断させたのは、福島中学「転出」がもたらした失意からの回復の機会、あるいはかつて提言していた「宗教的遠征」や「宗教的移民」の実践という思いがあったのかもしれない。

内海は「角田柳作のハワイ時代再論」において、角田がハワイ渡航を前に、朝野の名士を歴訪して植民地教育の意見を聴取したこと、報徳会のハワイ支部設立に向けて文部省・内務省と交渉したこと、布哇《ハワイ》中学校に図書館を設立するために出版社などに図書の寄贈を依頼したことを指摘している。なかでも二〇世紀の教育社会に図書館の設備が「最も必要欠くべからざる教育の要素」とする発想をもっていたことは注目される。

もう一つ、内海は大事なことを指摘する。仙台の第二高校教頭三好愛吉の角田への「本日を以て布哇へ御赴任の由、将来、同島邦人の中等教育に御従事の段、定《さだめ》て、会心の御事と奉存候」(〇九年四月二七日付)という〝はなむけのことば〟を引いて、角田がハワイ行に不安を感じつつも、それ以上の抱負や期待をもっていたゆえに、三好の「会心の御事」という祝福があった、という見方である(「布哇の角田柳作」『上州風』「特集 SENSEI /せんせい」所収)。渡航を前にした朝野の名士歴訪や図書館設立の準備なども、ハワイにおける新たな教員生活への抱負や希望にもとづくものだろう。

角田のハワイ渡航前後、日本人労働者は減少傾向ながら、日本婦人と日本人学童の増加が顕著となりつつあった。かつての出稼型移民から定住型移民に転換する時期にあたっており、これにともなって日本人労働者の子女教育については「日本人教育」から「日本語教育」へ傾斜していった。

角田を招聘した本派本願寺別院監督であった今村恵猛《えみょう》は、本願寺信徒の多い「是等在留民に宗教の力を以て精神上の慰安と確信を与へ、同時に彼等の子供に対して国民的教育を施したな

布哇中学校時代（1910年頃、前列中央で足を組んでいる）

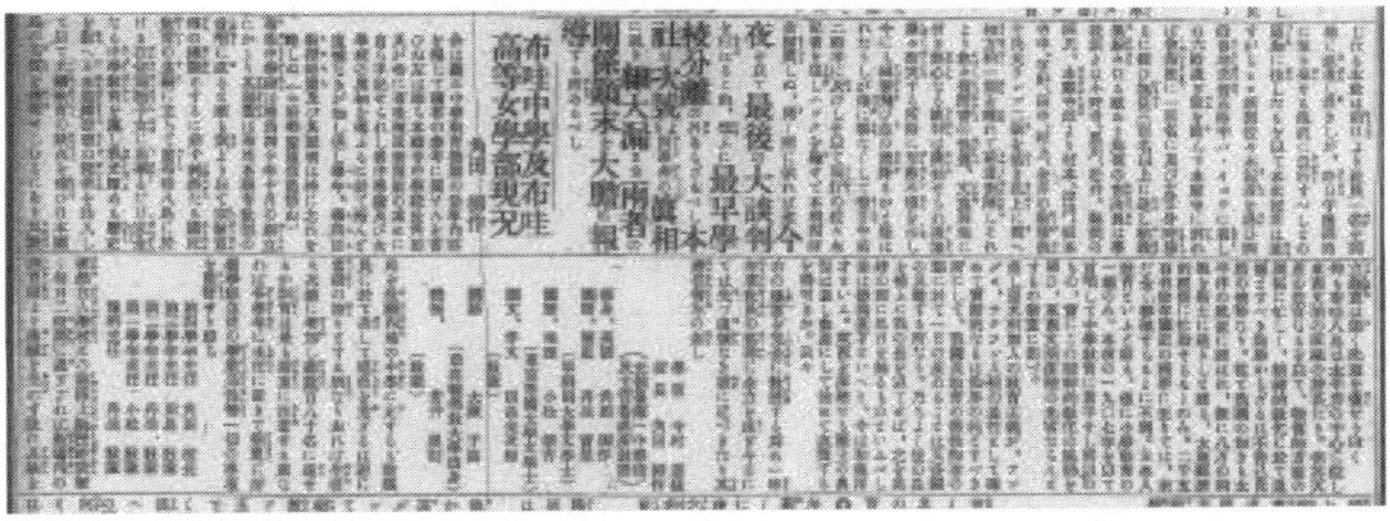

布哇中學及布哇高等女學部現况

布哇中学校と布哇高等女学部についての記事（『布哇殖民新聞』1911.4.10）

ハワイ時代の柳作（左下に「Tsunoda」の署名がある）

角田柳作著『書斎、学校、社会』（布哇叢書第一編、1917年1月、布哇便利社出版部）

らば、茲に一の精神的殖民地が出来ることになる」（「布哇に於ける日本人の教育」『慶應義塾学報』第一六九号、一九一一年八月）として、ハワイ各地に本願寺経営の小学校を設立していた。それらが軌道に乗ると、さらに一九〇七年一〇月、中学校を設立する。「日本語学校所在に設立せられ、日本語教育は益《ます》隆《ます》盛の域に達せんとす。然れども初等教育のみを以て、日本の歴史を理解し、日本語の智識を得、延ひて日本文化の精華と日本民族の精神を味得せしめんとするは、到底不可能事と言はざる可らず。初等教育の機関備れる後に、中等教育の興るべきは是必然なり。中等教育の機関なくんば、折角初等教育によりて発育せし幼芽も遂に萎縮し去らんこと必せり」（本派本願寺布哇開教教務所文書部『布哇開教誌要』一九一八年）という、本願寺当局と関係者の願いが実現したのである。

今村はその初代校長を兼務することになったが、専任の適任者を探すことになり、角田に白羽の矢が立った。さて、角田の校長ぶりは、森田栄編『布哇日本人発展史』（一九一五年）に次のように記されている。

氏の校長となりて赴任以来、着々として諸種の改革を行ひ、茲に面目を一新し、校名を布哇中学校　と改め、夫《それ》より白人学校との聯絡上、学年開始を八月となし、公立中学校との聯絡を通じ、以て日英語教育上の調和を図り、且つ英文設立趣意書を作り、中学校の教育方針を内外に宣明したり。（中略）明治四十三年四月、中学女子部及び予科を新設し、女子部には実科撰科を置き、当地に必要なる日米両様の技芸を教へ、品性修養実地活動に適する教養を施すに至れり。如斯《かくのごと》くにして漸く校運発達し来り、明治四十三年七月に於ては百八名の修了者を出すに至れり。之れ移民地の中学教育としては確かに異数の発達と称す可く、同四十三年四月一日中学女子部を独立せしめて　高等女学校　と改む。此月生徒増加して百七十名に達せり。

『布哇開教誌要』（一九一八年）にも、「角田校長の意見により日米両教育の調和をはかり、学制を改革し、施設の万般に大改良を加へ、新に教師を増聘し、校運頓に振ふに至りぬ」とある。中学においては「始めより帰国の場合を重視せず、専ら当地に活動すべき人物の養成を眼目とし」、「日米両教育の調和」が配慮された。角田自身は「布哇中学校及布哇高等女学部現況」（『布哇殖民新聞』、一九一一年四月一〇日、一二日）において「設立趣意」書を引いて、次のように記している。

本校の一九〇七年を以て首唱して中学教育に着手せし所以のもの、実にこの精神的教化の欠陥を補ひ、東西文明渾融の先客たらんとするの微意に出づ。

蓋し亜米利加人の教育主義が、アングロ・サクソン人種の通性として極めて実際的なるは世界の範とすべき所にして、我国民教育の徳性陶冶の点に於て一日の長あることは又各国の具瞻《ぐせん》する所なり。乃《すなわ》ちよく彼の長を補ふに我の長を以てせば、之を芙峰の頭に旭日を飾るものといふべし、昔は和魂漢才といへり、今は和魂洋才といふ。東西を渾融せる国土の典型は蓋し如是にして始めて庶幾するを得可きか。

角田は校長として修身と英語を担当し、第四学年主任を兼ねていた。学科配当の改革の中心となった「国語、国文科」には週六時間を配当し、坪内雄蔵編『中学新読本』を教材に、「日本人の生活と感情」の理解に努めるようにした（内海「角田柳作のハワイ時代」）。教員の充実、とくに「国史、国文学」の科目に意を用いた結果、「国史、国文学」では東京専門学校同級生であった丹生實栄を、「国文学」では田島金次郎を得ることができた（内海「角田柳作のハワイ時代再論」）。一九一〇年四月の学制改革によりハワイの教育制度に接続するため、八月からを新年度とした。これに伴い、新たに予科を設置し、小学校卒業生を収容し、八月まで中学教育を受けるための準備と訓練にあてた（『布哇開教誌要』）。

「白人学校との関係上、教授時間漸く毎日二時間に過ぎ」なかったため、「教場内の訓育」を補うために「校友会」が設けられた。生徒は文芸部、武道部、講演部、野球部のいずれかに所属した（『布哇殖民新聞』、一九一一年四月一〇日）。一九一一年七月、第一回卒業生六名は、角田校長と丹生教諭に引率されてハワイ島・マウイ島を「記念見学旅行し、各耕地の本願寺布教場にて大歓迎をうけた」（『布哇開教誌要』）という。

女子中等教育については一九一〇年四月から「中学女子部」を設け、「日本婦人として欠くべかざる学芸を教授し」ていたが、一一年四月からは規模を拡張して「布哇高等女学校」とし、本科・実科・撰科を置いた。「等しく日本女子に須要なる品性、学芸、訓練を与へ、日米両国の美点長所を渾融調和して、当地に在りし、将《は》た日本へ帰りしも、能く賢妻良母たるべき資質を養成せんとする」という教育方針のなかでも「東西文明渾融」が志向された。本科（四年制）は一週一五時間、実科（二年制）は一週二八時間の授業である。角田は校長を兼務するほか、修身と英語を担当する。こちらにも如月会という校友会がおかれた。

寄宿舎も整備され、男子三九名、女子八名が入っている（以上、『布哇殖民新聞』、一九一一年四月一二日）。

また、中学校・高等女学校に「社会教育、趣味啓発の機関」的役割をもたせることになり、運動会・講演会なども実施した。一九一〇年二月からの日曜講演会は、「在留同胞の知識慾の要求を充たす」ことになった。さらに「進んで当事者は、暑中休暇を利用し、校長教諭等を各耕地に出張せしめ、駐在開教使と相応じて、講演に演説に中等教育の必要を説」いてまわったところ、「各耕地よりホノルルに遊学する少年青年踵《きびす》を接し、之を収容すべき寄宿舎設置の必要を感ずるに至」ったという（以上、『布哇開教誌要』）。

角田「布哇中学校及布哇高等女学部現況」が掲載されたあと、一九一一年四月一四日の『布哇殖民新聞』に岱山生（特設通信員）「布哇中学校雑観」という記事が載る。開校直後は「基礎薄弱にして不完全なる形式的の中学校」だったが、「現校長角田氏を迎へ、丹生、田島二教諭の来任あり、一大校舎を新築し、内容の整頓に伴ひ、生徒数も漸く増加し、日にまし盛大に趣き、在留同胞の中等教育唯一の機関として当局者自らも任じ、在留民の信頼厚きが如し」という。なかでも、『布哇殖民新聞』の持論でもある「教育と宗教の分離」について、「一歩一歩行はれつゝある」ことを評価する。

「日本人と世界人」

後述するように、角田は病気療養のために一九一二年五月に帰国するが、七月の布哇中学校第二回・高等女学校第一回の卒業式に際して、東京で「日本人と世界人」をものしている（ハワイで刊行される雑誌などに掲載されたと推測されるが、不明。『書斎、学校、社会』所収）。一八名の卒業生に「八島同胞の未来の運命は、実に諸子の奮励如何に由る」と激励しつつ、「我本願寺学校の精神生命」について所信を表明する。その結論は「与輩の所謂日本主義は、実は世界文化の精粋を萃《あつ》めたものであつて、真正の日本人は世界的市民として随所に歓迎せらる可き筈のもの」となる。

角田のいう「真正の日本人」とは、第一に福沢諭吉の説く「独立自尊」、第二に二宮尊徳の言行に具現する「勤労分度」の精神、貝原益軒の力説する「義理人情の心掛け」「仁義礼節の教」、第四に「武士道といふ克己奉公の至誠」、そして第五に「世界的道徳の真髄を教ゆる」仏教の「無我慈悲の心掛け」を備えていなければならない。さらに、この五者に貫通する「己を尽し、己を捨てゝ他の為にするといふ精神」（「忠」）が「日本道徳の真生命」という。これらは偏狭なものとして排斥されてはならず、「予輩のいふ日本の道徳的精神は、宛《あた》かも世界の道徳的精神の縮図の様」である。たとえば、「福沢先生は実に日本に置ける亜米利加魂の提唱者」であり、「親鸞、法然等浄土教の善知識によりて提唱せられた無我慈悲の法音が、基督の名によりて宣伝せらるゝ十字架の教と一致して居る点がある」とする。そして、最後は「願くば吾布哇中学高等女学校の卒業生をして、如是《かくのごとき》日本人、如是世界人たらしめたい。この一孤島の一学舎をして如是生命と活動の発原地たらしめたい」と結ぶ。

　これに先立ち、ハワイ生活をはじめてまもなく、布哇日本人教育会で「布哇に於ける教育」という講演をおこなっている（『書斎、学校、社会』所収）。すでに「本国は本国、殖民地は殖民地と、ソレソレ土地や状況に応じて加え、取捨てして参らなければならない」という教育観を持していた角田にとって、実地に見たハワイの現状は「単に本国のを直訳、否直輸入したのみでありまして、教課〔ママ〕書の如きも（中略）日本の季節に合せて作ったもので御座いまして、当地四季の変遷とは全く異ったもの」であり、「白人学校との連絡の如きことは、緊要中の緊要事で御座いますが、まだ一向出来て居ない」と大きな問題に直面していると映る。すでにみたように、これらはまず布哇中学校において改革に着手されていく。

　また、実際に日本人子女の教育に接してみて驚きであったのは、「日本の児童は朝夙《はや》く来て日本風の教育を受け、ソレから白人学校にいつて亜米利加風の教育を受」けるため、「小さい頭の中に早くも二ツの帝国が出来て」、「其取捨弁識ニ迷はしめる」状況が生まれていることであった。今村恵猛の語るところによれば、「日本人の子供は朝は九時から午後は一時乃至一時半まで、米国の学校へ行きまして、土曜日は授業がありませぬので、毎週五日、毎日四時間位の授業を受けるのでありますから、其前後の時間を利用して、日本人の子供だけは午前二時間、午後二時間だけ別に教育して居ります。其教へる科目は日本の国語、地理、歴史、作文、習字、体操、唱歌、即ち国民的自覚、日本民族の精神を鼓吹するに足るだけのものを教へることになつて居ります」（前掲「布哇に於ける日本人の教育」）という。

このダブル・スクール＝「二ツの帝国」の解決の方向は、角田にとっては「単に日本風の教育をして彼等を二タ股にするのではなくして、之をなすと共に一面には両面の調和者、整頓者、統一者を以て任じる」こととされ、そこに「布哇に於ける日本人教育存在の理由がある」と強調した。そして、注目すべきはこの主張の根底に「日本、亜米利加、東洋、西洋と文明の傾向には一寸異なる所があつても、究竟調和統一さるべきものである」という確信が生まれていたことである。いうまでもなく、この東西文明の融合調和という問題は、その後の角田が追究し、実践していくものとなる。その萌芽がこのハワイ時代の初期に見出せる。

角田の提唱は、換言すれば、「忠良なる人間」を育てることとなる。「忠良なる人間でさへあれば日本人と成つても忠良である、亜米利加人と成つても忠良」（以上、「布哇に於ける教育」）だからである。このことについては、布哇中学校の「諸種の改革」を綿密に調査考察した内海によっても、「角田は、教育と宗教を分離させ（ハワイアメリカ人社会からの批判に対応）、日米教育の『調和』つまり『東西文明の融和』をはかって（ハワイアメリカ人社会からの批判に対応）、ハワイ生まれの日本人子女を **universal citizenship** つまりどこの国へ行っても通用するような普遍的な資格をもつ人間に仕たてあげることがハワイでの、中学教育の目的であると構想した」（「角田柳作のハワイ時代」）と的確に指摘されている。

やはりハワイ時代初期の論稿と推測される「故国の情」(『書斎、学校、社会』所収)では、「故国に対する感情の余りに深且切なるもの」(＝「出稼根性」)を払拭するためには、「布哇を日本化」するほかないとして、「其第一の事業は勿論中学と図書館の完成でなければならぬ」と論じていた。具体的に力が注がれたのは中等教育の改善と整備であり、「図書館の完成」にむけてどのような試みがなされたのかは不明である。ただし、ここでいう図書館とは「故園の情を催す」ためのもの、つまり日本人移民のためのものであり、日本人以外に開かれたものではなかった。したがって、「故園の情を催す」ためには、「日本人倶楽部の如き、読書同好会の如き、最も方法を得たもの」と述べるのである。

一九一一年一月と推測される論説「精神的殖民とは何ぞや」(『書斎、学校、社会』所収)では、教育面にとどまらず移民一般について論を展開する。「政治的殖民にせよ、経済的殖民にせよ、其背後に、若くは根柢に、一大精神的の勢力があつて之を護持するにあらざる限りは、其殖民は決して永モチをしない」とするが、それは「無暗に日本々々と要もなき所に祖国の名を振り廻さうとするものではな」く、「東洋の文化に対する自覚確信」を持つことであるとする。ここから「民族的発展」のために「精神的殖民」が不可欠であることが導かれ、次のように「東西文化渾融」のあり方が説かれる。

予輩はかくなす事が真にこの地の民族的殖民に欠く可らざる事であると信ずのみならず、またかくなすことが世界に対する吾人の使命であると信じて居る。世界の文明は早晩調和し渾融すべきものである。而《し》かし、其大調和大渾融は決して一方の自屈迎合に依りて成就すべき訳のものではない。両方共其最善と信ずる所に立ちて、卑下せず、増上せず、其熱誠を披歴し合つて始めて調和も出来、渾融も出来るのである。迎合より成る調和、自屈を以て出来た渾融は、其不誠実なる点に於て、其彌縫的なる点に於て、到底長つゞきすべきものではない。

「東西文化渾融」のあり方の模索は、必然的にアメリカそのものへの関心を引きだしていった。『書斎、学校、社会』には執筆時期は不明ながら、「米国国民思想の変調」や「日米両国民の相違点」という論説がある。後者では「政治的優劣、経済的利害の問題以外に、日米両国民の間には顕著なる精神上の反対、少くとも対照がある」として五点を列挙する。「かく迄に相違して居る日米文明も或は何の形でか衝突する」と予測したうえで、「衝突を媒として起つて来る東西文明の渾融は、如何に発落するであらうか」と結ぶ。衝突の結果に生れる「新しい、より大なる文明」を待望している。

"The Essence of Japanese Buddism"

順調に思えた布哇中学校長・布哇高等女学校長（兼務）の職務だったが、その間には「歩行も能はず、起座も能はず、仰臥《ぎょうが》して冬を送り、春を迎へぬ。疼痛荐《しき》りに至る」（「仰臥余録」、角田

『書斎、学校、社会』所収）ということもあった。一九一二年五月、日本に結核の療養のために帰国、八月には辞職となる。その後、一三年一月、角田は再びハワイに渡航し、二月、本願寺系の『布哇日日新聞』の記者となるが、一一月には退社している。

一四年一月、角田は今村恵猛から依頼を受けていた英文の仏教宣伝書"The Essence of Japanese Buddism"を完成し、刊行している。今村の序文によれば、この『英文真宗大意』は、仏教に対する偶像崇拝とか、偏狭なナショナリズムと一体の宗教であるとする批判や猜疑心を取り除き、仏教に対する正確な理解をうながすことを目的としていた。また、今村は、日系人移民の子どもへの日本語教育も、日英二ヵ国語を話せるアメリカ市民とするためであると述べる。

「二〇世紀初頭ハワイにおける国際派仏教徒たち――角田柳作と今村恵猛を中心に――」（『近代仏教』第七号、二〇〇〇年三月）において、守屋友江は角田の説く真宗の教えの特徴として、「阿弥陀仏の慈悲は国家や人種にかかわりなく平等に注がれること、親鸞自身が弟子をもたないと宣言した民主性、在家主義であること、宗派的対立や宗教的迫害から自由で他の宗教を信じるものに対する寛容を重んじること、親鸞が北関東で布教したときに土地の言葉を使って人々の心に訴えかける説教をしたこと」をあげている。また、この本には「アメリカ人読者が仏教と キリスト教を対等の関係において理解することであり、そのことが日米文化を対等にみて相互理解を深めることにつながるという願いが込められていたのであろう」という指摘も興味深い。真宗教義において何が普遍性を持ちうるか、他の宗教との共存はどのように可能であるかという視点は、コロンビア大学における仏教思想史の講述に連なっていくものである。

この『英文真宗大意』刊行後、角田は「本願寺の『布教方法』と『布教』活動に直接関与しはじめた」（内海「角田柳作のハワイ時代再論」）。そして、一五年一二月には本派本願寺ハワイ教団の学務部長に就任している。中学校、女学校、学園（小学校）を統括する職務である。しかし、これも一七年二月に辞職する。

少し戻るが、一九一四年三月から、角田は筧光顕とともに新しい教科書づくりに着手している（内海孝「角田柳作と『日本語読本』の編纂」『草思』第一七号、二〇〇〇年九月）。総領事代理に有田八郎が着任し、日本人児童に「日本的教育」を施すべきでないとしたこと、さらに志賀重昂がハワイの実情にあった教科書編纂を説いたことが契機となり、教科書編纂事業が開始され、角田らに原案づくりが託されたのであった。前述のように、校長就任まもない時点で角田が「教課《ママ》書の如きも（中略）当地四季の変遷とは全く異ったもの」と欠陥を指摘していたことは、周知の事実であったはずである。これは、一九一七年三月、『日本語読本』として完成する。その巻一の巻頭の「ハタ」で、日米両国旗の交差する図柄の採用は編纂のあり方を象徴するものであり、「ハワイの日本人児童にたいし、偏頗な愛国主義を鼓舞することなく〝日米融和〟のあかしとして存在しつづけるよう願い、かかげられたと解釈できる」（内海「角田柳作と『日本語読本』の編纂」）。

ところで、角田は一九一五年秋に「国民思想の消長」（『書斎、学校、社会』所収）という論説を執筆している。「明治より大正への過渡時代は国民思想の方面に於ても大劇変があつた」として、「国民思想の根本的改造を口にするもの」、つまりデモクラシーの機運に批判的な見方を示す。仏教の「解脱、平等、慈悲の教は自由とか平等とか友愛とかいふ西洋の民主思想に比して更らに徹底的なものである」などとしつつ、歴史上、日本が「民主一遍の国」とならず、維新とともに「挙国一致、一中心の帝国」ができたのは、「国家は何よりも第一に統一体でなければならぬ」という考え方に立つからである。「真の国家的生命は之れを組織する個体の犠牲献身てふ事なしには維持せられ得ない」という論は、かつての『来世之有無』における「統体の進化は個体の努力と犠牲とによりてなり」を想起させるが、この統一、および「個体の犠牲献身」は「どうしても民主思想、個人主義では養成することが困難」と断言する。そうしたデモクラシー批判の一方で、「東西文化渾融」を念願とする角田にとってより重大なことは「日本帝国の臣民は、一面に於て独立自由平等の民主思想を充分にアプリシエイトすると同時に、この偉大なる統一と、犠牲の精神を忘れてはならぬ」ということにある。最後は、次のように結ばれる。

> 若し狭い欧羅巴に於ける二十世紀の中心問題は独逸民族とアングロサクソン民族の理想の消長であるとするならば、広い世界に於ける二十世紀の中心問題は東洋の君主的象徴主義と西洋の民主的現実主義との消長であると言ってよい。吾人はこの問題を解決せんとするに当つて、必ずしも排他的の態度を採る必要はない、最後の解決は恐らくは両者の長所のマルガメーションであらう、然《し》かし其には長い時間と奮闘とを要する。其間に処して吾人

は自らの立つ所、本づく所丈けは断じて忘れてはならぬ事と思ふ。

「東洋の君主的象徴主義と西洋の民主的現実主義」のそれぞれの「長所のマルガメーション」（マルガメーション＝アマルガメーション：混交）とは、「東西文化渾融」にほかならない。

さて、角田は「日本人と世界人」や「国民思想の消長」などの旧稿を『書斎、学校、社会』（布哇便利社出版部、布哇叢書第一編、一九一七年一月）にまとめて刊行する際、「はしがき」で「自分の考は数年来激変して居る。従て過去の立論対策中に、我から進んで変改抹殺を要求すべきものも尠《すくな》くない」と記している。一九〇九年のハワイ渡航時からこの刊行時（まもなくアメリカ本土に渡航）の間の「数年来激変」とは、具体的には何だろうか。推測の域をでないが、当初の「布哇の日本化」あるいは「精神的殖民」という攻勢的な提言から、次第に東洋と西洋の「長所のマルガメーション」という提言に移ってきていることだろうか。また、直接な移民の問題から、日本（人）とアメリカ（人）という普遍的な問題に関心が移ったともいえようか。

「はしがき」では、先につづけて、「先生」をやめて四年が経ち、「今は徹頭徹尾『先生』をやめて居るのである。僕は教ゆる人ではなくして、学ぶ人間であることを最も痛切に感じて居る」と書く。「数年来激変」とは、この「教ゆる人」から「学ぶ人間」への転換にともなう立論の変化とも関係があると思われる。

角田はまもなくこの「学ぶ人」を実践するために、四〇歳でアメリカ本土に渡ることを決断する。三月二一日、再び家族を残して単身でホノルル港を出航する。

II　ニューヨーク日本人会書記長として

〝アメリカニズム〟を学ぶために

一九一七年三月二一日、角田柳作は家族を残して一人でホノルルを発ち、同二七日、アメリカ本土のサンフランシスコに着いた。前述のように、『書斎、学校、社会』の「はしがき」で、「僕は教ゆる人ではなくして、学ぶ人間であることを最も痛切に感じて居る」と記していた。何を角田は学ぼうとしたのか。

それから三〇数年後、コロンビア大学の教職を正式に退任するにあたり、角田はこの渡米の目的を「〝アメリカニズム〟の意味を学ぶために」だったと語る（『ニューヨーク・タイムズ』一九五三年五月一七日）。角田の教え子ドナルド・キーンは、「外人のアメリカ化される過程を研究する」ために、ハワイからニューヨークに移った、と述べる（「ニューヨークの一人の日本人」『日本との出会い』所収）。後年、「一九〇九年に布哇に行つた時に、アメリカナイゼイションが布哇教育界の大問題になつて居たので、アメリカニズムとは何ぞやといふことが当面焦眉の問題となつた」（「日本へ行けば」『北米新報』一九五三年一月一日）と角田自身も回想するように、これにはハワイ時代からすでに関心を寄せ、たとえば、「米国国民思想の変調」などを論じていた（『書斎、学校、社会』所収）。しかも、すでにその時点で〃アメリカニズム〃は、日本とアメリカに代表される「東西文明の渾融」（「日米両国民の相違点」『書斎、学校、社会』所収）を最終的に希求するために、自らが学びとらねばならないものと位置づけられていた。それをより深く学ぶために、角田はアメリカ本土への渡航を決断した。

その生涯をかけた〃アメリカニズム〃の追求が角田に何をもたらしたのかは、最後に譲り、まず渡米後の、念願の学生生活をみると、二つの方向がうかがえる。五月中旬、ニューヨークに到着した角田はすぐにコロンビア大学で聴講を始め、さらにマサチューセッツ州のクラーク大学の聴講生となったことである。コロンビア大学が選び取られたのはジョン・デューイらの講義を聞くためで、最初にデューイの講義「プラグマチズムの理論と歴史」を聞いている（「偏界不曽蔵」『北米新報』一九五七年一月一日）。クラーク大学の場合は、その総長で「現今世界の三大教育学者と称せられて居る」（「婦人問題と女子教育」『書斎、学校、社会』所収）スタンレー・ホールへの関心からと推測される。いずれも聴講生で正規に学生にならなかった（なれなかった）事情は不明だが、デューイやホールらの最先端の学説をとおして、〃アメリカニズム〃への接近が図れると考えたのであろう。

こうした聴講の一方で、自ら「外人のアメリカ化される過程」の研究を志したようである。その内容は唯一後年の回想によるほかないが、「一九一七年本土に渡る早々、コチラのチイチヤカレツジを本拠にして独逸人と愛蘭人《アイルランド》と、猶太人の移民教育の実情を踏査したことがあつた。其時始めてアメリカの生活の政治、経済などの関係以外に、頗る複雑してゐるのを知つて驚いた。紐育《ニューヨーク》に落付いてから、私は各地に散在する各国民、各国人種のくわだてた理想村ガアデン、シテイの興廃を研究して、其数の夥しさ、其意図の多様さにキモをつぶした」（「日本へ行けば」）という。すでにハワイで移民教育に深くたずさわり、まもなく日本人会幹事（書記長）として排日運動に直面する角田にとって、「外人のアメリカ化する過程」は、切実で眼前の研究課題となった。ややのちになるが、一九一九年一二月、角田は紐育日本人青年文学部で「戦前に於ける思想の傾向と戦後の傾向とを比較せる講演をなし聴衆に最も深き感動を与へた」（『紐育新報』一九一九年一二月一七日、以下『紐育新報』は『新報』と略す）という。

おそらくサンフランシスコから大陸を横断する途中であろう、「シカゴでのある日、さびしくて泣きたいほどだった」（『ニューヨーク・ヘラルド・トリビューン』一九五三年五月一七日）と回想する。手探りで〝アメリカニズム〟を追い始めたとはいえ、家族をハワイに残したまま、不惑をこえた角田の前途は、不安で見通しのつかないものだった。それでも、す

スタンレー・ホール
（クラーク大学総長）

でにハワイ時代から感じていた「此国は若くて大きくて、金持ちで、元気で、ノツボウでベラボウな国」（「金持で元気の国」〔アンケート〕『新報』一九二〇年七月三日）の本場に踏み込んで、高ぶり、勇躍しただろう。

コロラド日本人会書記長へ

一九一八年六月五日、おそらく経済的な事情に迫られて、角田はコロラド州デンバーに赴き、コロラド日本人会の書記長に就任する。内海孝「角田柳作のコロラド時代」（『東京外国語大学論集』第七五号、二〇〇七年）が、これまで不明だった角田のコロラド日本人会書記長への赴任と辞職の経緯を明らかにした。

一八九四年前後から日本人移民を受け入れていたコロラド州では、デンバーを中心に日本人移民が増大した。一九一四年時点の在住者は三八八〇人で、カリフォルニア、ワシントン州につぐ第三位を占め、さらにアメリカの第一次世界大戦参戦以降、多くの労働需要が喚起されていた。一九〇六年創立の格州《コロラド》日本人会は会員と支部の増大とともに会長選挙などをめぐって「正義派」と「実業派」という内部対立が生じていた。一八年一月の会長選挙で両派のしがらみのないコロラド新聞主筆市川藤市（市川房枝の兄）が当選、四月に「書記長」が公募された。五月一日付『紐育新報』に載った「書記長」募集広告を見て角田は応募した。各地から一〇人が応募し、日本人会の評議員会が三人に候補者を絞り、五月一四日の銓衡委員会で最終的に角田が決定した。月俸九〇ドル、赴任旅費支給という待遇だった。角田の赴任には「新人物を傭《やと》ひ来りて情実に絡まれたる社会の空気を一掃し、繋累《けいるい》なき人をして自由の手腕を揮《ふる》はしめんとする希望亦与《あずか》りて力ありし」（『格州時事』社説「新書記長を迎ふ」、一八年六月五日付、内海論文より再引〔以下、同〕）という期待が寄せられていた。

角田はまず日本人会事務所にニューヨークの英字新聞と『法令全書』を備えつけることにした。ついで、すでに着手されていた格州日本人会の組織変更の進展を図り、山東日本人会に衣替えする。会の範囲をコロラド州にとどまらず、近隣のニューメキシコ、ネブラスカ州などに広げた。内海によれば、角田の活動は書記長職務以外にも伝馬《デンバー》仏教会での講演、中学部の設置、さらに日系新聞『格州時事』への寄稿と多岐にわたった。

角田の『格州時事』寄稿は、一八年一一月から翌一九年一月一日まで全八編におよぶ。最初の「アメリカニズムに就て」は一一月一日から三回連載で、その結びは次のようになっている。

僕は米国は丁度ヂエームスの哲学の様で、伝統の権威に従順でない、由緒因縁よりは結果効果を重んずる、何でもやつて見たがる、ブツかつて見たがる、雑多雑駁で雑多雑駁を厭《いと》がらない、変る動く、御芽出度い、御寺好きの国風を有つて居ると思ふ。

ニューヨークに戻った少し後に「此国は若くて大きくて、金持ちで、元気で、ノツボウでベラボウな国」（「金持で元気の国」）と述べるが、そうした観察はコロラド時代をつうじても確信的なものになっていった。

デンバー行がそれほど望んだものではなかったにもかかわらず、角田は着任するや持ち前の誠実さと熱心さで目の前の職務を周囲の期待以上に遂行し、さらに移民の問題やアメリカ社会の内実への考察を深めていった。

ところが、一九年一月二五日の山東日本人会の評議員会で角田の書記長辞職が承認される。それを報じた二七日付の『格州時事』には「角田書記長は予《かね》てより紐育日本人会より書記長として招聘の相談ありしが、過日愈々確定し、当地を辞したき希望を発表せられたるが、種々の個人上の事情にて彼地に居住せらるるが便宜たる由にて」とある。ニューヨーク日本人会理事総会は一月二一日に、幹事小畑久五郎の辞職を承認し、その後任として角田に白羽の矢を立て「招聘すべく交渉」することを決めた(内海論文)が、先の「予てより紐育日本人会より書記長として招聘の相談あり」、「過日愈々確定し」という記事からは、かなり早い段階から転出の「交渉」があったと思われる。角田自身の「種々の個人上の事情にて彼地に居住せらるるが便宜たる由にて」というところは、角田のそもそものアメリカ本土への渡航の目的であるコロンビア大学などでの勉学を、ニューヨークで生活の安定のもとに再開したい、ということでなかったろうか。

『紐育新報』に「日本人会幹事決定」の記事が載った一月二九日、角田はデンバーを去り、二月一日、ニューヨークに到着した。のちの角田の月俸は一五〇ドルという(内海論文)。

ニューヨーク日本人会書記長

ニューヨーク日本人会は、一九一四年四月、タカジアスターゼで知られる高峰譲吉を初代会長に設立され、角田の幹事就任直後には一四二四人の会員を擁していた（設立当初は約三〇〇人）。角田の前任にはのちのプロレタリア作家前田河広一郎がいるが、一七年八月の前田河の辞任（『日米週報』へ転出、その後日本へ帰国）以後、短期間に幹事・書記の交替があったようで、日本人会の運営そのものに支障を来す状況だった。一八年六月二九日の『紐育新報』の社説「紐育日本人会幹事に懇嘱す」では、日本人会の「将来の発展が在紐邦人に直接多大の影響ありと信ずる」として、「主として会務を処理する責任を負ふ幹事は無意識の小使、番人であつてはならぬ。如何なる問題に対しても相当の意見を有し、適当の決行を為す勇気がなくてはならぬ」と注文をつけ、実務能力だけでなく、企画と実行の能力においても秀でた人材を求めていた。ハワイでの、さらにデンバーでの豊富な経験が買われたのだろうか、角田はその最適な人材だった。一九二一年七月、ハワイから家族が合流する。なお、妻やすは二三年ころ、日本に帰国する。

のちに日本文化学会の設立のために退職する際の送別晩餐会で、大島日本人会会長が「角田書記長の勲労を頌揚し、氏の犠牲的精神に富み、公共事業に関与する理想的人物なる点を挙げ……地主［延之助］前会長は、自己が会長時代、角田書記長の企画献策に負ふ所多きを述べ」

るように、また友人の安井関治が「紐育日本人会の角田か、角田の日本人会かと問はるゝ程に書記長として重きをなせる」(『新報』二六年一二月二二日)と述べるように、約八年間、角田は幹事・書記長(一九二一年六月一四日の理事会で任命)として、真摯に精力的に職務を遂行した。それは、角田自身にとってもニューヨークにおける日本人の活動と存在を常に意識することにより、実地に〃アメリカニズム〃および「外人のアメリカ化する過程」を考える最良の機会となった。そして、この日本人会書記長としての活動と経験があって、「東西文明の渾融」の第一歩となる日本文化学会創設への跳躍が可能となる。

日本人会は、公務・商務・共済・社会・図書・労働の各委員会から組織され、事務所では書籍・新聞・雑誌の縦覧や職業周旋もおこなわれていた。『新報』二一年四月二四日の社説「将来の日会」は、重要案件として「開館設立問題の如き、全会員主義の拡充=在紐同胞網羅主義=の如き、吾人の生活改善問題の如き、邦人の米化問題の如き」という内部的問題と「米人啓発運動に穏健着実の方法を選択して双互の親交」の増進という対外的問題を掲げている。また、『新報』などの報道からみると、賭博の抑制などの矯風運動、図書部の拡張、独立した会館の建設などが論議されている。これらの諸問題に角田幹事長は会長や理事会を補佐し、まったただなかで対応した。この日本人会の活動に意欲的だったことは、「新任幹事が月報第四十号に於て其抱負の一端を洩らした、東部各地に日本人会の設立を奨励する」(「人心を刷新せよ」『新報』一九年五月一〇日、なお日本人会の『月報』の所在は不明)という提案をおこなったことにうかがえる。それら以外にも、就任早々には総領事館に協力して「人口調査の事業」に尽力したり、日本人会の刊行した『紐育日本人発展史』（一九二一年）の編纂にも協力している。

二六年四月の日本人会総会で角田は書記長として会務を報告し、前年度には理事会一二回、委員会二四回が開かれたという。この総会で、一部会員から日本人会は「費用の嵩む割合に会員の利益尠な」いと批判があがり、「一種の社交倶楽部」に改造する改革案が提出されたが、否決されている（『日米時報』二六年四月二四日）。排日問題対策に取り組み、就職斡旋や困窮者の救済もおこなう角田を含む現執行部の路線が支持された。

日本人会で二六年二月、擬国会を主催し、政府側・野党側などにわかれて論戦を展開した際に、角田は中央党に属したが、これは穏健中立的な存在と目されていたからだろう。

一九二六年一〇月末の退職後も、角田は公務部委員などに選出されている。ニューヨークの日本人社会で、角田はその長い滞在と学識・人柄により、重

紐育日本人会の広告
（『紐育新報』1919.2.5）

家族と（ニューヨーク、1923年）

きをなした。戦後の一九五〇年に再建された現・ニューヨーク日系人会の創設時の常議員六一人のなかに角田も含まれる。

排日移民問題への関心

一九二四年五月、米議会で排日条項を含む新移民法が可決されるように、二〇年代前半、排日運動は西海岸ではげしく噴出しただけでなく、東海岸にも波及した。すでにハワイでこの問題に直面していた角田は、個人的にも、日本人会幹事長としても、理不尽な人種差別の解消に向けて懸命に活動したはずで、まず、二三年八月、シアトルで開かれた在米同胞代表者会議にニューヨーク日本人会を代表して、水谷渉三理事（紐育新報社主・主筆）とともに角田が出席していることが確認される。この会出席を前に、角田は幹事長談として、「今次の代表者会を第一歩として、意義ある差別的待遇撤廃運動に入らむことを期する」（『新報』二三年七月四日）と、抱負を語る。

二四年一月には、日本人宿屋組合主催で移民法講演をおこなっている。これは日本人会幹事長の職責から「新移民法が実施された暁、如何なる影響を蒙るやに付き研究を遂ぐる目的」（『新報』二四年一月三〇日）でなされた、巡回講演の一つであった。おそらく、そこで述べられた趣旨は、二四年二月一一日から一七日にかけて『大阪朝日新聞』に寄稿した「米国の排日運動」での論述と同じものであろう。折からの新移民法案成立の気運の高まりに対応しており、在米日本人のなかでこの問題に対して、角田が一見識を有すると認められていたことが、この七回連載の論説になったと思われる。

角田は丹念に「移民問題に於ける米国の差別的待遇方針」の経緯と現在の状況を解説する。新移民法改正案の眼目である「亜細亜人種絶対排斥方針」は、西海岸諸州における「排日運動の経過と成績」――「我同胞の土着永住して、独立事業を経営するの基礎は全く覆《くつがえ》されて了《しま》つた」――に照らして明らかであるという。アメリカの建国精神＝平等主義にもかかわらず、「差別的待遇主義」が優勢になった要因として、「一に南東欧羅巴移民の殺到と、二に亜米利加第一主義の再興」をあげる。そのため、ルーズベルト大統領は「忠良なる市民を基礎として、外には入国者を選抜し、内には居留外人を取締るべきである」という政策をとるに至ってしまった。角田にとって、「亜米利加第一主義」＝〝アメリカニズム〟を学ぶとは、直接的にはアメリカ本土で燃えさかる排日運動の背後にあるものを、実地に肌で感じ、考えることであった。

ついで、「日本人の帰化不能論の背後には同時に米化不能説が伴つて居る」とする。「米化不能説」とは、「日本人の天皇中心主義と民主主義と両立し得ざる」とする見方、「宗教上に於て日本人の多

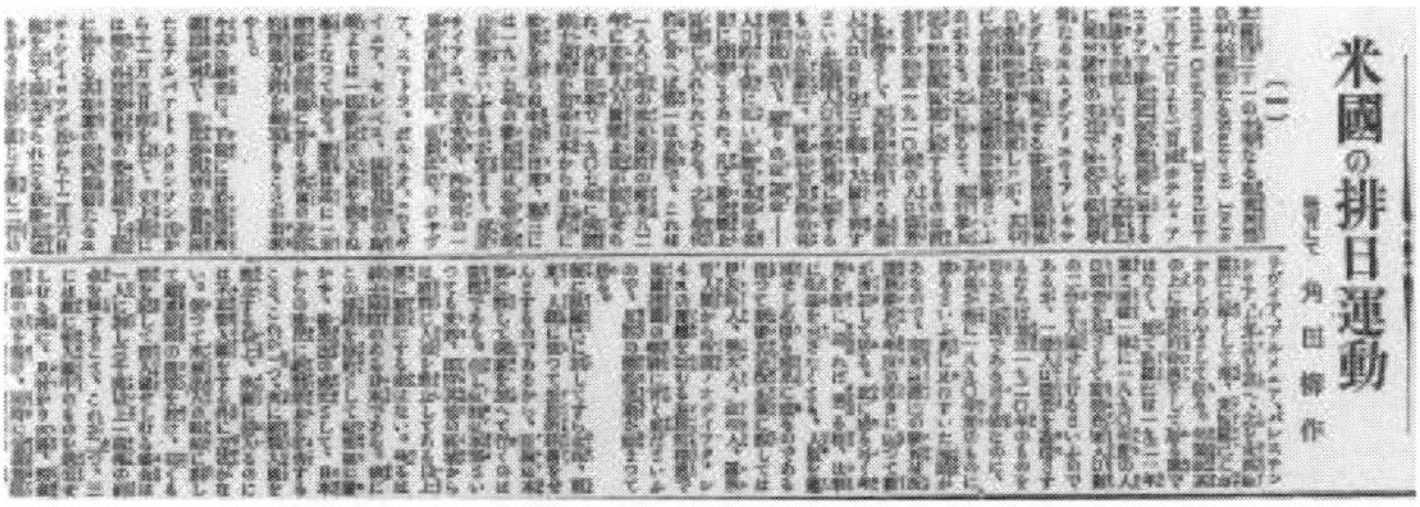
米國の排日運動
角田柳作

角田の寄稿「米国の排日運動」（『大阪朝日新聞』1924.2.11）

くにまだ偶像教徒、進んだものでも象徴主義、神秘主義の門徒」とする見方などであり、そうした説をむしろ日本人側が多く有することを「寒心すべき事態」とする。したがって、「日本に親善なる少数者は勢ひ漸く減じ、理正に日本に賛成すべきものも、却つて寧ろ不愛想なる態度にある」のが現状である。

さらに二三年二月にオレゴン州議会で成立した外国人営業制限法により、「同胞は既に農業に依りて独立生活を営む道を杜絶せられたるのみでなく、苟《いやし》くも勤労して得たる小資本で独立生計を計画する場合、八方塞《ふさ》がりの窮地に排擠《はいせい》される」と観測する。こうした現状のなかで、「在米同胞既約の地歩の転覆を主持するに、米国内の勢力に依頼することを得ざるは明白」として、角田は「日本政府が動かなければ駄目である。それには日本国民が大に動かなければ駄目である」と力説する。しかし、政府においても、民間においても、アメリカを真に知るものはわずかであり、角田は今後の「対米折衝に就いて深甚の憂慮」を抱かざるをえない。

角田の論は、現在の事態が「徹底せる排日論理の必然の帰結」であることを、実証的かつ具体的に述べることにあった。ハワイ時代を含め、一五年の在米生活で、移民と排日の問題に向き合いつづけたゆえに導かれた、日本国および日本国民への警告であった。と同時に、角田には日本人「帰化不能論」「米化不能論」の誤謬を正し、短期的には排日問題を解決し、長期的には「東西文明の渾融」を実現するために、遠回りながら、まず日米相互の国民性・文化の理解を醸成することこそ必要という認識が高まっていったと思われる。

同年五月、紐育新報社主催の対時局講演会で、河上清とともに演者となった角田の講演は次のようなものであった（『新報』二四年五月二一日）。

角田柳作氏は得意の研究に基き米国に於ける外人排斥の歴史を講述し、費府《フィラデルフィア》に於ける独人排斥運動を始め、愛蘭人乃至伊太利人排斥の実例を挙証し、且つ米国人側の排斥論拠を考察して、之に対する邦人の対案を質した。即ち経済的基調、政治的背景、文化的背景、社会的生活の相異点を固執嫌忌する米国人側の主張を説明し、更らに彼等が邦人排斥の理由として、「日本人は開拓者たるの努力をなさず、妄りに他の犠牲を払ひたる境地に侵入して、其の恩典に浴せむとするは寄生虫的運動である」との批難を加へつつある点に触れて、自警自戒の要を力説した。

この記事で「外人排斥の歴史」の講述を角田の「得意の研究」と紹介することからは、その研究が在米日本人社会に知られ、排日移民問題での発言が期待されていることがわかる。「米国人側の排斥論拠」として「文化的背景」などの相異をあげることからは、アメリカ側の日本への理解不足、そうした理解を求める日本側の努力不足という認識が角田のなかで大きくなりつつあることをうかがわせる。

ニューヨークとその周辺の在留日本人の過半は、住み込みや通いの家事労働者が占めていた（二六年四月時点の日本人会会員一一六三人中、商社銀行二一七人、独立業務二〇一人に対し、労働者は六一〇人となっていた）。経済的基盤の弱い彼らは、排日移民の嵐にもっとも吹きさらされる存在だった。日本人会は職業斡旋や娯楽の提供などの働きかけをおこなうほか、二六年四月、労働部主催の同胞懇話会を開いている。そこで角田は「発展の第一線に立つ労働者諸君の自重を望む」と題した講演をおこない、「家庭の陰働きは日本人の道徳的優越を外国人に認識せしむる最捷径」とし、家事労働者の自重を促し、「一段と勇猛精神、不退転の英気を煥発するは最も大切なこと」と論じた（『新報』二六年四月二八日）。日本・日本人への風当たりの強さに、「日本人の道徳的優越」という角度からも角田は抗していこうとしている。それは、アメリカへの追従ではなく、毅然とした批判であった。

こうしたアメリカ社会の観察により、角田は「当初は米国と日本とは一から十まで差《ちが》つて居る様に感じたが、現在では互ひに似て居る処の多いのに感心して居ります」（『日米時報』二六年一月一日のアンケート「貴下が渡米当初の米国に対する所感と現在の印象は？」への回答）という認識をもつようになった。一方で「此国は若くて大きくて、金持ちで、元気で、ノツボウでベラボウな国」という初発の衝撃を保持しつつ、共通点にも気づくようになったわけで、持論の「東西文明の渾融」の実現にも自信を深めたにちがいない。

Ⅲ　日米文化学会の創設から「日本文庫」へ

文化事業への発心

一九二六年一〇月、角田柳作は満五〇歳を前に日本人会書記長の職を退き、The Japanese Culture Center（日本文化学会）の創設に邁進する。それは角田自身の懸命の努力と周囲の支援によりみごとな実を結ぶが、当初は暗中模索で展望のみえないままの再出発だった。そのことを十分に自覚したうえで、なお角田にこの転身をうながしたのは、「自業自得引くに引かれぬ、止むに止まれぬ、全生涯必至の結論」（「The Japanese Culture Centre の創立に就て」一九二六年一〇月）だったからである。

やや大仰にも聞こえる「全生涯必至の結論」という表現は、文字どおりのものであった。この発端について、角田は「文化学会創設の動機は三十余年前、氏が民友社々員として故古谷久綱、深井英五氏等に随つて英文雑誌『極東』の編輯に従事せる当時であつた」（『新報』二九年九月七日）と語る。『極東』の刊行されていたのは、一八九七年から九九年であった。すでに中学時代にクアッケンボス『建国小史』に触発されて、アメリカに関心を寄せ、「宗教と植民の歴史」を生涯の課題と思い定めた（『北米新報』五三年一月一日）角田に、この時以来、日本文化の海外における紹介という課題が植え付けられた。

すでにみたように、早くもハワイ行きを前に、角田は布哇中学校に図書館を設立することを目的の一つに掲げ、渡航の前後に出版社などに図書の寄贈を求めていた。また、『書斎、学校、社会』所収の「故国の情」では、ハワイの日本化を提唱するなかで、本願寺による中学校や図書館の整備拡充を自賛する。そこではあわせて、アメリカは「其同化政策を主張する前に、大に自ら抑損して他国民に学ぶ所が為ければならぬ」とも論じていた。こうした言動は、日本文化学会の構想の遠因となっている。

〃アメリカニズム〃を学びつつ、排日の嵐にもまれるなかで、角田のなかに「東西文明の渾融」をめざした日本文化・日本社会へ理解を求める試みに着手すべきという気持ちが高まってきただろう。この転身を図る少し前、角田は「十五年後の希望」を問われて、「常に考えて居るジャパニーズ・カルチャー・センター乃至ライブラリー・オブ・ジャパンが芽が生へ、葉が成り、実が結べばといふことです」（『新報』二六年六月二三日）と答えていた。おそらく本土渡航以来、「常に考えて」いたと思われる。その一例に数えられるだろう、日本人会初代会長の故高峰譲吉を記念する事業に対して、角田は「在留邦人の文化的方面に貢献すべき事業として日米関係資料となるべき図書室」の特設を提言している（『新報』二三年一月一五日）。

この特設図書室は実現をみないものの、日米問題がさまざまに論議されはじめるのにともなって、日本人会内部でも既存の図書部の拡張の要請は強まっていた。たとえば、二二年七月には会員に図書の寄贈を求める呼びかけをおこなっている。

ニューヨーク在留・在住の日本人のなかにも、日本を紹介する文化施設の設立の機運は高まっていた。二四年二月の日米関係の連続講演会では、着任したばかりのニューヨーク総領事斉藤博が「日本の文化的生活」と題して、日本文化の深遠さを強調し、「人間の心的、霊的価値及び人生と自然に対する態度がカルチユアの深浅多寡を示すのであつて、単なる富力と学力とは教養其ものを代表しては居らぬ」と論じていた（『新報』二四年二月一三日）。おそらく角田はこの講演を聞き、我が意を得たりと発奮しただろう。角田が日本文化学会を構想するにあたり、斉藤は総領事の立場から支援を惜しまなかった。

そして角田自身の言葉によれば、「紐育に、日本文化の紹介及研究の中心となる施設が必要であるといふことは、暫々《しばしば》論議されてをつたのですが、その斡旋者がなかつた為めに、実現を遷延してをつた」（『早稲田学報』一九二七年六月）という。多分、そうした事情も加味してだろう、日本人会は、角田による日本文化学会の創設について「満場一致」で後援することを決定している。実際には創設にあたり、後述するような障害にぶつかるが、それらを乗り越えて実現にこぎつけるのには、日本人会を中心とする角田への物心両面での支援だけでなく、こうした文化事業の必要性が広く認識されていたからである。
常に文化事業の必要性を考えていたとしても、安定した生活を捨て、実現の保障されない構想に踏み出す契機は何であったろうか。その点について、戦後、角田を囲む松本重治・田中耕太郎・嘉治隆一との座談会「アメリカの真実を認識せよ」(『心』一九五五年八月)で、次のように語る。

初めの思付きは移民問題からだつたんです。……アメリカの方の側は日本に来て色々なことをしているのに、日本の方は出稼ぎの人が行つている。商売の方の人が行つているというだけで、文化的の施設というようなものは全くなかつた。日本の方でアメリカに予《あた》えたものは殆どなかつた。ギブ・アンド・テイクということから言えば全く日本は取つていたけれども与えていなかつたというような感じがして、何か一つ位日本でもアメリカの方にやるものが出来ないだろうかと考えたのが因だつたんです。恰度《ちょうど》一九二六年にフィラデルフィアに博覧会がありまして、その時に狩野芳崖や橋本雅邦さんの名画が来て、大変にあちらの人に印象を残した。それで物によつてはアメリカ側を動かすものがあるというようなことがよく分つたものですから、カルチュラルセンターを拵えたならばと思い立つたんです。

ここでの「移民問題」とは直接的には一九二四年の新移民法前後の排日機運を指している。

そして、一九二六年六月に開幕したフィラデルフィアの大博覧会の「日本デー」（九月二四日）に、角田はニューヨーク日本人会を代表して出席している。

「日本文化の貧の一燈」

フィラデルフィア博覧会に出品された日本美術への好評に後押しされて、角田は二六年の夏、日本文化学会の構想の具体化と支援の要請に奔走したと思われる。紐育新報社の水谷渉三の援助をえて、一〇月には「The Japanese Culture Centre の創立に就て」という趣意書も完成し、関係方面に配布された（巻末資料参照）。そこでは、日本文化学会のめざすものが次のように示されている。

The Japanese Culture Centre とは、簡単に申さば日本二千有余年文化の実相と、其文化が他国異種の、特に西洋の、又特に米国の文化と接触せる際に起つた問題の真相を、明らかにする為めに、第一に根本資料の蒐集整理展覧、第二に其調査研究報告等を使命とする機関で、資料の蒐集展覧といふ方面からは一種小形の日本博物館、展覧会、陳列所で、邦文のものは勿論、世界各国語で出版せられた日本及び日本人に関する図書の整備といふ方面からは小規模の日本図書館、また相当包括的に組織的に調査研究を継続する点からは変態の単科大学、常例講壇を設けて調査研究の結果を公演する点からは宗教宗派を超越せる特種の教団、或は図書の刊行に、或は通信に、或は招請に応じて弘く日本文化の説明紹介にあたるといふ側からは文化情報局と申せぬ事もありません。

これは「日本の文化的事業」と題して、水谷の『紐育新報』にも二回にわたって掲載された(二六年一〇月一三日、一六日)。「小形の日本博物館、展覧会、陳列所」「小形の日本図書館」「変態の単科大学」「特種の教団」「文化情報局」という盛り沢山の性格を備えた構想からは、角田の並々ならぬ意気込みが伝わってくる。これらのうち、まず実現がめざされたのは「第一に根本資料の蒐集整理展覧」にあたる博物館・図書館的機能であった。資料収集のための日本帰国を前に、あらためて「組織的に、包括的に日本の文化を研究しやうとする学徒のホーム・ライブラリイを拡大したものを作つて、日米人協同して同一の目的にいそしみたい」(「紐育を去るに臨みて」『新報』二七年一月一日)と所信を表明するときには、日本文化研究のための図書館が中軸となっている。これらの創設と拡充のうえに、「第二の其調査研究報告等」が位置づけられていた。

では、この日本文化学会で角田は何をめざそうとしたのだろうか。前述の『心』座談会の引用中でも言及されているが、趣意書の言葉からみよう。まず文化について、「其根を国家民族の歴史に托しながら、其精華は優に国境を超越して世界的人類的の旨趣を帯ぶる」とする。開国以来のアメリカの日本に対する文化施設・事業の大きさに比べ、日本の対米文化施設は「寂莫貧弱」の極みであり、しかもイギリス・イタリア・オランダ・ドイツなどが競ってアメリカ国内に文化施設を設けているなかで、日本のみ「百花研秀の文化圏に孤負して居る」という。この状況に対し、「現在こそ実に日本が米国に対し、開国以来積もりに積たる文化的負債の万分の一なりとも償却する秋《とき》」として、「米国文化の申さば長者の万燈の中に、日本文化の貧の一燈を点じたいと思ひたつた」と論じる。

あまりに現状では日本の「文化的負債」が大きく、文化の互恵性という観点からもその償却を急務と考えた。同時に、「貧の一燈」といいつつ、日本文化の優秀性に確信をもつ角田は、それがアメリカ側にとっても「長者の万燈」の輝きをより増すことになると確信していた。この趣意書でも文化事業の本質を、「幾千《いくばく》米国文化の集大成に貢献し、裨補する所に見出され可き」と論じているが、その発想はすでにハワイ時代に胚胎している。こうして文化をとおしたアメリカの日本への理解が進めば、自ずと当面の排日移民問題の解決の糸口がみつかる、と言外に角田は期待したはずである。

「The Japanese Culture Centreの創立に就て」
（「本邦ニ於ケル文化研究並同事業関係雑件」、外交史料館所蔵）

四段階の構想

「全生涯必至の結論」と呼ぶだけに、日本文化学会の創設の道筋は綿密に構想されていた。次のような計画である。

熟慮に熟慮を凝らしました結果この計画を実現する順序として、事業を大要四段に分かち、第一は準備資金の募集と場所の選定、第二を根本資料の蒐集と維持資金の募集、第三をそうして得たる資料と基金とを本として米国側に対する文化紹介、第四を全部米国側の管理に移して永久的のインスチチユシヨンとする事とし、第一段の事業中準備資金の募集は之を在留同胞の懇請に訴へ、場所の選定は創立匆々《そうそう》博物館若くは紐育図書館の一室を借用することとし、第二段の事業は、日本に帰つて、之を故国の篤志家に諮り、第三段の事業は約三年計画として、第四段の時機を醸成するやうにありたいと思ひます。

そして、実際の計画がみごとにこの構想どおりに進んだことは、これからみるとおりである。まず、この趣意書発表の時点では、準備資金と場所の選定という第一段階にある程度目途がたってきたところだろう。趣意書の作成では水谷渉三の援助がえられた。日本人会はいうまでもなく、親睦懇親団体である日本倶楽部からも、経済的・精神的な支援をえられたはずである。

一方、角田は在米の日本大使館や総領事館にも支援を要請している。それに応えて、文化事業の必要性で意気投合していたと思われるニューヨーク総領事斉藤博は、送別会の席上、「氏の風格を称し、今後氏の関係すべき新事業に対しては満腔の賛意を表」する（『新報』二六年一二月二二日）にとどまらず、日本文化学会の創設の最大の功労者となる岩崎小弥太への橋渡しもしてくれるのである。角田は後年、斉藤の死を悼むなかで、「私の仕事は直接間接……〔斉藤の〕懇切な指導と協力によつて根をおろす事ができた」（「逝ける斉藤大使」『新報』三九年三月一日）と述べている。

やがて蒐集した図書・資料の収蔵場所として、この趣意書の段階ではニューヨーク市の博物館や図書館が想定されていたことからみて、すでに角田はそれらの関係者と折衝し、了解をえていたはずである。早い段階からの相談者に、コロンビア大学国際教育学部長のポール・モンローとマンハッタン島北部のクロイスターズという中世博物館を主宰する彫刻家ジョージ・バーナードがいた。また、ロックフェラー医学研究所の野口英世の賛同も得ていた。斉藤博によれば、角田構想が公表されると、コロンビア大学以外にもワシントンの議会図書館からの打診もあったという。

多くの支援者に恵まれていたとはいえ、角田はこの創設の発端を個人事業としておこなおうとした。「僕は内外人間に好意的援助を求むる外は殆んど自費で終始しや

ニューヨーク総領事　斉藤博

うと思ふ」（「所謂角田柳作君の文化事業」『日米時報』二六年一二月二五日）と語るが、それが自らの貯金などの提供のほか、日本人会退職後の生活も自前でやり通していくという決意にほかならないことは、「自ら『労働』して其余暇を以て事に当る覚悟」（『日米時報』二七年一月一日）という言葉に明らかである。その決意のうえで、「一国の文化などといふ大問題はトテモ一人や二人の手で充分に扱ひきれるものではない」として、信仰・人種・地位・職業の差別のない誰でもが協力する「機関本位」の立場をあるべきかたちとする。そこでの角田自身の位置は、「その多数の中に、私も一人の学究としてまぜていただくといふ丈け」（「紐育を去るに臨みて」『新報』二七年一月一日）という、謙虚なものである。実際にこの点でも、角田はコロンビアにおける教職を中心に、「一人の学究」の立場をつらぬいた。

日本文化学会の創設の構想は角田の日本帰国を前に、アメリカ社会にも向けて発信され、好意的でかなり詳しい報道がなされた。この試みが日米関係の現状と将来にとって有意義と評価されたからであろう。『紐育新報』（二七年一月五日）は、「提案された如きセンタアは民衆教育機関として、民族的並に国民的友情を開拓するのみならず、文化的情報を交換する上に絶好の機会を提供するものである」という『ニューヨーク・イブニング・ポスト』の社説（二七年一月三日）を紹介している。

角田へのインタビューにもとづいてであろう、『ニューヨーク・タイムズ』は「日本文化の進展を五つの画期とした歴史館が、センターの中心となるだろう」（二六年一二月三〇日）と報じ、『ニューヨーク・イブニング・ポスト』（一二月二九日）は「新しい帝国の精神を体現する、現代日本の建設者たちの姿を示す一室が設けられるだろう」と観測する。それぞれニュアンスを異にしながらも、博物館的性格に重点をおいた捉え方をしているのが注目される。おそらく角田の当初の構想では、日本関係の図書館と並んで、美術工芸品や歴史的遺物などを展示した博物館の設立が重視されていた。

一〇月末日をもって日本人会を退職した角田は、さらに「準備資金の蒐集と場所の選定」に奔走しただろう。その間には、後述するような角田構想への批判や中傷も飛び出し、その誤解の払拭にも努めねばならなかった。一二月一七日には、「出席者は七十余名、近来稀なる盛宴」(『新報』二六年一二月二二日)となった送別晩餐会に送られて、翌一九二七年一月四日、ロサンゼルスから、帰国の途についた。「根本資料の蒐集と維持資金の募集」という第二段階に着手するのである。

日本での資料蒐集

ハワイへの再渡航から数えると実に一四年ぶりに帰国した角田は、翌二八年五月にニューヨークに戻るまで、約一年三ヵ月、日本に滞在した。その間、角田の第一の助力者となったのは、『芸術画報』社主の中田辰三郎だった(交友の経緯は不明)。「帰朝中、其一人の令息の為めに新築した半は西洋式の離れに私を置き、トンネルの中を通つて居る様な気持になり勝ちの私を慰め、励まして下さつたのは、中田氏と令閨とであつた」(「曼陀羅と達磨」『新報』三一年一二月三〇日）と感謝をこめて語る。この間、角田は本郷にある中田宅に滞在していた。

角田は落ち着くと、二月一二日、まず外務省を訪ねた。すでに斉藤総領事から小村欣一情報部次長宛の「御後援等何分ノ便宜供与方」を依頼する文書が届けられていたところに、松平恒雄駐米大使の紹介状を持参した。応対した若杉要情報部第二課長に対して、角田は「創立ノ趣旨ヲ述ヘ、該計画実行ノ為ニハ差当リ年額少クトモ壱万弐千円ヲ要シ、漸次基金ヲ集メタル上、日本ニ関スル内外ノ図書ヲ蒐集シ、更ニ美術工芸品ノ陳列等ヲモ行ヒ度《た》キ処、先以テ外務省ヨリ若干ノ補助金支出相叶フマシキヤ」と述べたという。これに若杉は趣旨には賛同するとしながらも、実質的には財政的支援は拒絶した。小村は斉藤らに向けて、次のようにその拒絶の事情を通報する（三月一日発送、以上は「本邦ニ於ケル文化研究並同事業関係雑件」外交史料館所蔵）。

貴地 Japan Society 又ハ有力ナル米人側ニ於テ達成ノ途ヲ講スルコトヲ得バ極メテ好都合ナル可シト思料セラルルモ、米国既存ノ美術館図書館等ノ間ニ伍シ、該趣意書ノ如キ事業ヲ成就スルニハ巨額ノ基金ト遠大ノ準備トヲ要スベク、又現代日本ヲ紹介スルニ足ルベキ外国語著書モ極メテ稀ナル故、之カ蒐集ニモ困難ノ事情少カラス、且又財政緊縮ノ折柄、本省ニ於テ本件補助金ヲ支出スルコトハ乍遺憾《いかんながら》到底出来兼ヌル而已《のみ》ナラズ、此種計画ニ付テハ両三年来本省ヨリ民間側ニ対シテ資金調達勧誘方ヲモ経済界不況ノ今日、一般的ニ差控ヘ居ル関係モアリ、旁々《かたがた》本件ニ関シテハ先以テ日米関係有志ノ向ヘ協議アル方可然旨、懇々申聞ケ置候

「巨額ノ基金ト遠大ノ準備」は十分に予想していることであり、それゆえにまず外務省に支援を求めたわけだが、この拒絶に加え、経済不況のために民間側の協力も期待薄という見通しを聞かされたことは、早くも角田に「トンネルの中を通つて居る様な気持」を味わせただろう。のちに「日本に於ける政治界及び経済界の反動期に遭遇して、当初聊《いささか》悲観せざりしにあらざりし」（『新報』二九年八月三日）と吐露する。そうであればこそ、一層「日米関係有志」に働きかける必要性を痛感したはずである。なお、このやりとりで日本文化学会の年間の維持運営費用を最低約一万二千円と算定していたがわかる。

この一ヵ月後の三月一二日、母校早稲田大学の関係者が角田の歓迎会を開いた。坪内逍遙、長谷川天渓、塩沢昌貞（第四代学長・第二代総長）らの恩師・友人らが出席し、その席で角田は日本文化学会創設の援助を乞い、坪内・塩沢らからは「交々《こもごも》同君の計画に参考となる談話」があった（「角田君帰朝歓迎会」『早稲田学報』一九二七年四月）。「以後、角田は、これらの恩師筋や友人の紹介や支援を受けて行動したであろうことが十分に推測することができる」（佐藤能丸「角田柳作」『早稲田大学史記要』第二八巻、一九九六年九月、のち同『異彩の学者人脈』所収）。

その後、角田は支援者の協力の取り付けと図書・資料の蒐集に奔走したはずである。二七年三月二二日には、東京帝大法学部に吉野作造を訪ねている（『吉野作造選集』第一五巻）。五月一八日の『国民新聞』に「日本文化の精華を米国人に印象さす　紐育にわが大殿堂」と題した記事が、角田の写真入りで掲載されている。この登場は若きころの民友社勤務と関連があるだろう

（「本社徳富社長も近世日本国民史全部を寄贈することになり」とある）。そこでは「同氏は全国に遊説して目下書籍、参考材料の蒐集中であるが、この計画発表と共に各方面からの寄贈図書その他は既に数万を数ふるに至つた」とされているが、寄贈図書「数万」はオーバーである。

また、二七年六月の『早稲田学報』に載った「面影―前紐育日本人会書記長角田柳作君―」で、角田自身が「幸に本挙に、早稲田大学を始め、東大、京大、文部省、外務省、大阪朝日、大阪毎日、民友社及び仏教方面では各宗が賛成して下さるし、その他神道、基督教関係のものも引受けて下さる人々があり、私の訪れた所は大体心よく承諾してくれました。それに日本側の委員の顔ぶれも並《ママ》つたやうですから、近い内に此挙を発表して、弘く天下に同感同志の御賛助を乞ふ積りです」と報告している。「日米文化学会概況報告」（「日米文化学会関係書類」、一九三〇年秋か　三菱史料館所

國民新聞
日本文化の精華を米國人に印象さす
こんど在留日本人會の望みがかなつて角田日本人會書記長が一生をさゝげる
紐育にわが大殿堂
角田柳作氏
大乗り氣な世界の大富豪
ロツクフエラー氏から材料讓受けの申込み
書籍や作品を大歓迎
角田氏語る
東洋音樂校生盟休の申合せ

『国民新聞』に掲載された記事（1927.5.18）

蔵）によれば、「以前本会事務所ヲ成蹊学園ニ有セシ頃ニ寄贈ヲ受ケシ書籍ノ冊数約四千五百ニ達シ居候」とある。これは二八年中のことと思われ、上記のほかに「宮内省ノ約六百冊」、「朝鮮総督府、岩崎小弥太男、三菱合資会社、本派本願寺、大谷派本願寺、法隆寺、仁和寺、醍醐派真言宗」などと、個人名があげられている。

直接的な財政援助は無理だったものの、外務省も可能な範囲で協力している。上述のような各機関からの寄贈の内諾を得た角田は、「外務省ヨリモ其調製ニ係ル書冊出版物等ノ寄贈ヲ仰キタキ旨」を申し入れた。これを受け、二七年九月一六日付で、情報部は省内各局に「本計画カ本邦文化ノ海外紹介上貢献スル所鮮《すくな》カラサルヘキ」として、寄贈を呼びかけたのである。各局から『国際事情』合冊や『英訳北斎』『英訳歌麿』など四四種の寄贈申し入れがあった。

また、外務省情報部では角田の要請により、陸奥広吉に「故陸奥宗光伯爵ノ御尊影一葉、御著書蹇々《けんけん》録壱部其他御筆跡（英文又ハ邦文書翰）等入手斡旋方」をとりつぎ、内諾を得ている。「研究機関内ニハ builders of Japan ナル一室ヲ設ケ近代日本ノ建設ニ貢献シタル著名ナル政治家、外交家、実業家等ニ関スル各種資料ヲ陳列スベキ計画」（二七年一一月二九日付書簡、以上「各国ニ於ケル学会関係雑件／米国ノ部」、外交史料館所蔵）にもとづく寄贈依頼だった。

なお、外務省への再度の要請の時点で、角田は「紐育日本文化学会につきて」という新たな趣意書を起草している（巻末資料参照、「各国ニ於ケル学会関係雑件／米国ノ部」所収）。これをみると、二六年一〇月に発表した趣意書の構想に新たな進展があったことがわかる。一つは日本文化学会の創設場所についてで、ニューヨーク市立博物館ないし図書館の借用という当初の計画が変更され、「大体は紐育にある他国の文化事業、仏蘭西、西班牙《スペイン》、独逸、伊太利其他各国のものと略々《ほぼ》揆を一にし、会館としては、差当りコロムビア大学教育科ノ新設ラッセル、ホールの三階を用ゐ」となったことである。コロンビア大学のポール・モンロー教授や国際教育会主事ステファン・ダガンらと折衝を重ねて、ラッセル・ホールの使用の内諾をえたのであろう。ただし、このラッセル・ホール使用という予定は、後述するコロンビア大学図書館の暫定的提供とは直接結びつくものではない。

もう一つは会館の具体的な形態についてで、次のような計画が明らかにされた。

(一) 図書館　を設けて、一に英語及他の外国語で書かれた日本関係の図書、二に、日本語の日本の典籍を蒐集展覧する事、外国語の書籍は基金を以て購入し、日本典籍は凡て寄付寄送を仰ぐ事

(二) 歴史館　を付設し、宗教を中心とし、日本の歴史を五区分とし、其時代々々の文学芸術其他の史料を聯《つら》ね、文化を読書以外味解読色読するの途を開く事、この各区の出品は神道、仏教各宗、儒教、基督教、及其時代々々に発達繁昌せる都市の寄贈に待つ事。

(三) 現代館　を付設し、日本の文化は未だ過去のものにあらず、現に生々潑剌として、維新の大業に貢献せるものゝ伝記資料によりて日新改造の実を挙ぐるを得たることを示さんが為めに、新日本の建設に貢献せるものゝ伝記資料を備付くる事、出品は関係者の寄贈に依ること。

さらに、「歴史館現代館を見て日本の文化に興味を懐くやうになれば、進んで図書館で研究を継《ママ》ける、講演に出席をする。講演や読書で不可解の点があれば、現代館歴史館で具体的の実例につきて其真趣を味ふことにするといふ設備」ともいう。歴史館や現代館の構想は、角田の帰国直前に『ニューヨーク・タイムズ』などが報じていたことと照応する。宗教を基軸とした歴史館の構想には角田の本領がでている。幕末以来の「新日本建設に貢献せるものゝ伝記資料」を展覧する現代館という発想や契機が、どのように角田に生まれたのかは不明だが、それは前述の「研究機関内ニハ builders of Japan ナル一室ヲ設ケ近代日本ノ建設ニ貢献シタル著名ナル政治家、外交家、実業家等ニ関スル各種資料ヲ陳列スベキ計画」を指すはずである。のちにみるように、実際には図書館の機能が中心となるが、歴史館的な展示も試みられている。

岩崎小弥太の支援

外務省の斉藤博総領事からの紹介状により、また、後述する成蹊学園の浅野孝之（成蹊学園は、三菱の岩崎小弥太と深い関係があった）のルートを通じてか、角田は岩崎小弥太の知遇を得て、その試みへの深い理解と協力の約束を取りつけることができた。後年、角田は「日本の方では岩崎男爵の懇誠で土台が据はり」と記している（「壺中日月抄」『新報』四〇年一月一日）。二八年一月二四日付の『読売新聞』は、「昨年一月帰朝、各方面の有力者に対し資金調達運動中の処、財界未曾有の大波瀾あり、殆ど行悩みの状態であつたが、岩崎小弥太男は此の計画に対し、去る一月十八日同事業三ヶ年間の維持費全部を独力を以って寄付した」と報じている。この岩崎の支援表明を呼び水に、「三井家よりは三井文庫の名の下に一万円を支出し、大倉家では大倉文庫（漢文書籍）の為めに五千円を寄付することにな」った（『紐育新報』、二八年六月二〇日）という。

後述する二九年一二月一九日付の日米文化学会各理事宛青木菊雄（三菱合資会社）の書簡に、二八年三月の発足にあたり、「岩崎小弥太之ガ維持費トシテ三ヶ年ニ一万五千弗ヲ寄付センコトヲ約ス」（三菱社誌刊行会編『三菱社誌』第三五巻）とある。三菱史料館所蔵の『寄付金明細帳』によると、まず二八年四月二〇日、角田の帰米に際して「米国日米文化学会維持経費」千円が、ついで七月一三日に寄付金の第一回分二千ドル（日本円で四三二〇円三四銭）が支出された。寄付金の支出は、二九年一月一六日、三月一三日、四月二三日、六月二七日（各千ドル）とつづく。三二年七月六日の千ドル支出が経常費支出の最後となった。

なお、この間、角田には生活費・報酬約四千ドルを含め、五千ドルが支給されていたようである（「J・グリーン文書」、コロンビア大学所蔵）。

角田の離日を控えて、二八年三月一三日、日本工業倶楽部を会場にして、日米文化学会（ここで「日米文化学会」が正式の名称となる）が正式に発足した。角田自身の語るところによれば、理事には高楠順次郎、下村宏、荒木寅三郎、林博太郎、古在由直、上田万年、三宅米吉ら二一人（『新報』二九年八月三日の記事によれば、上記以外に林毅陸慶応義塾長、西本願寺の大谷尊由、高田早苗、徳富蘇峰らがいる）、会計には青木菊雄と一宮鈴太郎（横浜正金銀行、ニューヨーク在留時に角田と交友）が就き、事務所を成蹊学園におき、同校校長の浅野孝之を主事とするという陣容である（『新報』二八年六月二〇日）。実質的に理事の代表格になったのは、青木だった。角田はこの日米文化学会のニューヨーク側主事という肩書きとなる。

事務所を成蹊学園に置くというのは、先の「日米文化学会概況報告」に出てきていた。校長の浅野について、『教育週報』第五九四号（三六年一〇月三日）には「君は愛媛松山の人で、一高を経て東大で宗教を専攻し、暫らく文部省に在り、後ハワイ中学、同女学校長として第二世の教育に当ること七年、大正十四年成蹊の校長となつた」とある。丹生實栄に代って浅野が本願寺布哇中学校長に就任するのは一九一八年九月で、すでに角田はハワイを離れていた。ここで浅野が日本側主事となるのは、布哇中学校を媒介としているはずである。浅野は、のちに姫路高校長となる。ただし、

青木菊雄

岩崎小弥太

浅野は二九年九月から欧米教育視察に出たため、成蹊高校教授兼幹事の松岡梁太郎が事務代理となるが、一二月には常任の主事として田部《たなべ》隆次が就任する（後述）。

東京で日米文化学会を発足させ、構想の第二段階である「根本資料の蒐集と維持資金の募集」で、角田はほぼ満足すべき成果を得た。寄贈の約束は二万冊に達したという。角田は、二八年四月二一日、東京を発ち、シベリア鉄道を経由、「独逸、仏蘭西及び英吉利諸国に於ける日本文化研究の現状を視察」したのち、五月、ニューヨークに戻った。ロンドンの大英博物館やオランダのライデン大学なども訪問している。これらの視察も日米文化学会の創設に参考とするためになされたが、「欧州に於ける日本文化研究の前途は更らに刮目するに値しませう」（以上、『新報』二八年六月二〇日）との感想をもった。

三つの障害

日米文化学会が創設されてから一〇年後、斉藤博（在米大使在任中に客死）を追悼する文章のなかで、角田は「私の仕事は、私が日本に帰つて紐育を留守の間に、二つの反対に出会つた。一つはインタアナショナルハウスに居た学生諸君が殆んど同じような計画を思ひたつた事で、モ一つは外務省に松平大使に代はる出淵大使を中心にして日米文化関係の重要が提唱された事だ」（「逝ける斉藤大使」『新報』三九年三月四日）と記している。この二つの反対の前に、角田が最初に日本文化学会の構想を発表した際に、非難中傷が加えられるということがあった。まず、それからみよう。

この非難は、角田の構想が実際には本願寺による仏寺設立と関連しているのではないかという疑念から生じた。ハワイで本願寺と深い関わりをもち、二五年末の西本願寺管長大谷尊由のニューヨーク訪問時には歓迎の中心となるなど、角田と本願寺との密接な関係に加えて、日本文化学会の趣意書にも「常例講壇を設けて調査研究の結果を公演する点からは宗教宗派を超越せる特種の教団」という、誤解を生じかねない表現もあった。折から、大谷尊由の訪問を機にニューヨークに仏寺が設立されるのではないか、という噂も広がっていた。さらに紐育新報社の水谷が角田の強力な支援者となっていることとも関連してだろう、もう一つの日系紙でライバル関係にある『日米時報』の主筆稲森進が、猛然と角田批判を展開した。「老書生の個人事業として彼の『態度』に共鳴した僕は、其口の乾かぬ間にかの茫漠たる宣伝文の発表されるに及んで、先づ彼の『態度』の豹変に一驚を喫した」として、「彼が邦人社会の現状を熟知しながら、尚仏寺建立

日米時報

所謂角田柳作君の文化事業

地方巡行（下）

『日米時報』1926.12.25
（ニューヨークで発行される日系紙）

を『予測する』限りに於て、所謂文化事業を仏寺の補助機関或は誘導機関と見るは不当な解釈であろうか」と論じる（「所謂文化問題の顚末」『日米時報』一九二七年一月一日）。稲森は、排日機運が依然としてみなぎっているなかで、アメリカ人を刺激する仏寺の建立には絶対反対という立場をとっており、角田と本願寺の間に密約があるはずだと批判するのである。

これに対して、角田は本願寺との関わりを認めながらも、日本帰国前の送別会の挨拶でも、日本文化学会の創設はそれと無関係だと、誤解の払拭に努めた。「紐育に仏寺建立の意図なしとて、近時濫りに無稽虚偽の浮説を流布する者あるに対して、適正の釈明」（『新報』二六年一二月二二日）をおこなっている。ニューヨークの日本人社会のなかで、角田への信頼があつかったからだろう、この非難中傷はまもなく消え去った。

さて、角田の日本滞在中に二つの「恐ろしい反対」があらわれた。後者の「出淵大使を中心にして日米文化関係の重要が提唱された」という事情については、角田の言以外には何も手がかりがない。すでにみたように、外務省は角田の要請に対して精神的支援や図書寄贈などの便宜を図ったものの、財政的支援については拒絶していた。この角田構想に対抗する計画があったとすれば、新任の出淵勝次大使による個人的願望の表明程度ではなかったろうか。後日、アメリカ側の日米文化学会が正式に発足する際には、出淵は名誉会員に推されている。

もう一つのインターナショナル・ハウスの学生諸君が「殆んど同じような計画を思ひたった」というのは、田口利吉郎らの「日本図書倶楽部」の創設運動を指している。田口は秋田県出身、立教大学を卒業した柔道家で、一九二〇年からコロンビア大学に学び、「社会哲学、体育哲学等」を専攻している。講道館・大日本武徳会と密接な関係にあり、のち立教大学教授となる。

中国による文化事業が隆盛なのに対し、日本は「一般米国教育界に責任ある文化的紹介の機関」をもたないため、「日本を文化国として其の存在を無視するが如き観」を現出させている、と考えた田口は、コロンビア大学のバトラー総長・ラッセル学長らの「内意と後援」により、二七年四月、卒業生・在学生ら一〇〇人余で「日本人学友協会」を結成した。この団体の最初の行動が、日本の文化の図書室を備えた日本研究のための基盤を作る計画で、大学側との協議により、二八年初めには、大学図書館本館の四一四号室を「日本図書倶楽部」とする合意ができた。それは、大学における日本会館の建設に向けた第一歩と目されていた。図書の蒐集は日本人学友協会があたることになり、「先づ日本文化研究の端緒を開く」ためとして、日本に書籍・雑誌の寄贈を依頼する書簡（二月二一日付）五〇〇通以上を送った（以上、田口「米国コロンビア大学に於ける実験的柔道及び武士道講座開設に関し、帝国領事石井康氏とコロンビア大学ラッセル学長其の他関係者間に取り交はせる書類並に之に関する前後の説明」〔以下、「説明」と略す〕「外国学校関係雑件　米国之部」所収　外交史料館所蔵）。これに日本の一五六の諸機関が協力を申し出てくれたとして、田口らは三月三日に日本倶楽部で関係者を招いて集まりをもった。

ここで二つのことが注目される。まず、田口らの試みも、日本文化のアメリカにおける理解の乏しさへの憂慮から、端を発していることである（出淵大使の場合もそれに近いであろう）。田口は「日本帝国の体面上、また日本民族性の神秘的価値に対し」（田口「説明」）、切歯扼腕にたえず、と意気込むが、日米関係が密になるなかで、文化的方面の貧弱さという点では、角田と通底するところがある。

もう一つは、コロンビア大学の対応である。バトラー総長は、田口の言を借りれば、「同大学のためは勿論、日米親善の上に同大学に日本文化紹介のための機関なきを頗る遺憾となし、これが為にはあらゆる機会を与へ日本朝野の協力を期待しつゝある」（田口「説明」）というように、角田や田口の計画と前後して、大学として日本研究の必要性を検討する最中だったことである。これは、角田の蒐集した図書・資料がコロンビア大学に仮設置・移管される伏線としても重要である。そのような模索のなかで、バトラー総長は、当初田口らの計画に賛同し、図書館の一室の提供に応じた。この時点で、大学当局は角田の日本文化学会の計画を知らなかった。前述のように、角田がラッセル・ホール三階の使用の承諾をえたというのは、ティチャーズ・カレッジのモンロー教授らの内諾にとどまっていたのだろう。角田にすれば、ニューヨークに戻った途端に、田口らの「日本図書倶楽部」の計画に出くわし、「恐ろしい反対」と衝撃をうけただろう。

コロンビア大学当局が一九三一年一月に作成した"JAPANESE CULTURE CENTER AT COLUMBIA UNIVERESITY"によれば、大学側で角田の日本における活動ぶりを知ったのは二八年六月のことだった。角田の蒐集した図書・資料だけでなく、角田のこの事業への献身に大いに関心を引かれたものの、先行する田口らの計画を承認したこともあり、大学側では板挟みとなり、そのまま数か月がすぎた。二九年三月になって、ハワード・マクベイン教授を委員長とする一三人の The Institute of Japanese Studies に関する委員会ができ、そこでの論議の結果、図書館のなかに日米文化学会のための臨時施設を設けることが決定された。田口らの「日本図書倶楽部」用に提供されることになっていた図書館四一四号室がこの臨時施設となり、キャンパス中央の場所が確保された（ラッセル・ホールはやや離れたところにある）。

田口らは、二九年七月、『日米大学学窓』を発刊し（前掲「外国学校関係雑件　米国之部」所収）、この間の経緯を「過去三年に亘るコロンビヤ大学に於ける日本文化連盟の経過と将来（上）」（英文）として掲載している。計画が挫折した田口は、新たに「実験的柔道及び武士道講座」の開設をめざし、大学当局や総領事館・外務省などに精力的に働きかけるが、これも思うような協力をえられず、田口の日本帰国とともに実現をみずにおわる。角田と田口らと間にどのような確執があったのか不明ながら、構想の実現をみた角田にもなにがしかのわだかまりが残ったと思われる。

角田の構想が実現していく背景には、その構想の雄大さと綿密さ、それを保障する日米双方における支援体制ができあがっていること、実際に当初三年間は維持運営の可能な基金が岩崎小弥太の提供によって確保され、あわせて多くの図書・資料の蒐集

『日米大学同窓』第一号
（1929年7月、「外国学校関係雑件」）

が進んでいることがあげられる。さらに角田自身は、「斉藤大使〔当時は総領事〕の毅然とした推輓と鞭撻の御蔭」（『新報』三九年三月四日）と回想している。

アメリカ側日米文化学会の設立

一九二八年五月にニューヨークに戻った角田は、構想の第三段階にあたる「資料と基金とを本として米国側に対する文化紹介」の準備を本格化した。思わぬ障害に困惑しながらも、「ワシントンに於けるコングレス〔議会〕図書館、ヴワジニア大学、ジョンス・ホプキンス大学を始め各方面を視察」（『新報』二九年三月二七日）している。二九年五月一〇日付のニューヨーク総領事代理内山清の斉藤博情報部長宛の通知によれば、角田は「差当リ購入書籍ノ処分ニ関シ最モ有効ナル方法考慮中ニテ、其蔵書方法ニ付テハ華府国立図書館、或ハ当地『モルガン』財団、日米協会方面トモ交渉ヲ重ネ」てきたが、「是レカ利用上、其他各般ノ事情ニ鑑ミ、該書籍ノ置場ハ結局当地『コロンビヤ』大学ニ依頼スルコト最モ適切ナリ」と判断し、自ら大学当局者と交渉を重ねたという（「各国ニ於ケル学会関係雑件／米国ノ部」、外交史料館所蔵）。すでにモンローらとの間にラッセル・ホール借用の内諾があったことが、コロンビア大学に傾く理由の一つであったろう。

二九年一月早々、角田はコロンビア大学のバトラー総長と会って、全般的な構想への賛意を得ている（「J・グリーン文書」）。その後、三月になってバトラー総長は「予てより斯かる計画の実現を希望しつつある旨を述べ、先づ研究調査機関を設けて研究の歩を進むべしと云ふに決した」（『新報』二九年三月二七日）と日米文化学会蒐集の図書類の受入れを表明した。ラッセル・ホール借用ではなく、図書館の一部の提供となったのである。

二九年二月一五日付の『東京朝日新聞』が、「ニユーヨーク市に『日本の家』を建設　書籍や美術品をあつめて　我国の真情を紹介」と報じた記事中に、ちょうど来日中だったコロンビア大学教授モンローの次のような談話を載せている。

> 今度の角田氏のカルチユア・センターでも日本の学者のみならず、芸術家、政治家、新聞記者などを毎年何人か招いて、絶えず全米の主なる都市で講演その他をしてもらひたいと思つてゐる、私の考は更に米国人の寄付による日本における米国の文化普及を同様の方法で日本に行ひたいと思つてゐる、これは米国とヨーロツパ諸国との間に既に行はれてゐるもので、ニユーヨークには「ドイツの家」、「イタリーの

市電空前の減收
五萬圓台に落つ
慌てて改善の相談
ニユーヨーク市に
『日本の家』を建設
我國の眞情を紹介
直上はせぬ
アメリカの家も
日本に建てたい
十九年ぶりで
懐しい英國へ

『東京朝日新聞』1929.2.15
（下には、ポール・モンローの「アメリカの家も日本に建てたい」という談話もある）

家」等々各国の文化研究、宣伝の中心機関もあり、又それ等の諸国に同様「アメリカの家」が設けられてゐる次第である。

このように文化の相互理解を重視しているモンローと、角田は意気投合したであろう。二九年五月一〇日、正式に「図書館内東洋文庫に隣接せる四一四号室のウィングを三年間提供し、ストックルームの使用自由なる上書棚類も普通一般的のものは無償にて使用を許可する等相互に理解ある契約」(『新報』二九年五月一一日)が結ばれた。おそらくこれを受けて五月一二日付の『東京朝日新聞』は再び「日本文化の家　今秋開館式」という見出しで報じ、「追つては日本文化紹介機関が出現して、わが文化の真情を研究せんとする米人に喜ばれることであらう」と、期待を寄せた。「事業ハ経営、方針凡て自治自由」(斉藤博宛角田書簡、二九年六月一〇日付「各国ニ於ケル学会関係雑件／米国ノ部」)という好条件だった。部屋の整備が進められ、七月には図書・資料が運び込まれた。四一四号室は図書館最上階で、約七四平方メートルという最大の広さをもっていた(現在は改造されており、当時の状況と異なる)。日本語の書籍五千冊、洋書千冊からスタートした。

ただし、この時点ではコロンビア大学との関係は、三年間に限った図書・資料の閲覧・展示などのための施設の無償提供という契約であり、図書・資料の蒐集や角田の報酬を含む維持運営費は日米文化学会の管轄であった。「何等古倫比亜《コロンビア》大学の拘束を受けず全然独自の事業として進み得るのであるから、財政も随て日米文化学会のフワンドに依りて維持せねばならぬ」という『新報』二九年五月一一日付の記事は、コロンビア大学からの独立性が意識されている。もっとも、同記事に「日本人側と協力提携して追ては別個の建築をなし、恒久的施設をなさむと希望してゐる」とあるように、コロンビア大学側は角田構想を取り込むことによって、日本研究の足がかりを作りたいと早くから期待していたようである。

大学側との折衝と並行して、日米文化学会を立ち上げるためのアメリカ側の組織づくりが進められた。リー・ヒッギンソン商会のＪ・グリーン（ロックフェラー財団の理事を兼ねる。なお、グリーンは日本生まれ〔父親は宣教師として日本に四〇余年在住〕で、ハーバード大学卒）を委員長に、日米協会（Japan Society）会長のチゾン、Ｊ・Ｐモーガン商会のマーチン・イーガン、横浜正金銀行支店長の柏木秀茂、三井物産支店長の田島繁二、それに角田を委員とする計画委員会が設けられ、そこで「米人を主体とする日米文化学会を創立する」ことが決められた。「新設される団体は数に於ては米人を主とし在留邦人も之に参加すべく、正会員は一ヶ年五弗の会費を負担し、外に維持会員を募集」するという（『新報』二九年七月二七日）。

七月三〇日、ダウンタウン協会において正式に日米文化学会（The Japanese Culture Center）が発足した。主催者を代表して、Ｊ・グリーンは「日本側の深厚なる友誼に基きカルチュアル・センタアの創設を観るに至りたるに対し、吾々米人側より協調提携の誠意を表するは当然であつて、文化の施設を通して伝統的に親密なる日米の理解を促進し、交友関係を増進するは目下の急務なりと信ずる」と挨拶をした。ついで角田が各方面の賛同に感謝し、「欧州に於けるジャパニーズ・カルチュアの施設を略叙して米国に開設するの必要を力説し」た。

委員長J・グリーン、副委員長コロンビア大学のポール・モンロー、会計イーガン、実行委員チゾン、メーソン（デーリー・エキスプレス特派員、詩人）、柏木、田島、地主延之助（日本人会前会長、森村兄弟支配人）という顔ぶれで、出淵駐米大使が名誉会員に推薦された。この発会式にはエール大学の朝河貫一や内山清ニューヨーク総領事代理も出席している。創立会員は約七〇人で、上記のほか、ロックフェラー、河上清の名前もある（以上、『新報』二九年八月三日）。角田は「書記長」に推されたが、米国人中より選出されるべきとして、「書記長代理」に落着いた。

翌日の『ニューヨーク・タイムズ』はこの発会式の模様を伝え、日本から図書・写本・美術品約五千点が寄贈され、さらに三千点の寄贈が約束されていると報じた。同紙によれば、角田は「図書館主事兼事務局長代理」とされていた。こうして、角田が設立を発表してほぼ三年後の九月二日、「全生涯必至の結論」と呼んだ念願の日米文化学会が開館した。三日夜には接見会がもよおされた。角田は翌四日に出発、日本に帰国した（三〇年二月二一日に戻る）。この帰国について角田は「同会を本当にエフィシエントな仕事の出来るものに仕上げる許《ばか》りでなく、会長、総裁といふ様な対外的な荘厳も調へ、又資料も、芸術的方面のものを、計画的に蒐め、又出来るならば基金も今少し準備して置きたい」と述べ、外務省に渡航費などの補助を求めている（その結果は不明、斉藤博情報部長宛書簡、二九年六月一〇日付、「各国ニ於ケル学会関係雑件／米国ノ部」）。

アメリカ側でも日米文化学会が設立されたのを受けて、日本側の日米文化学会の態勢の整備が進められた。九月一〇日付で、日本側主事浅野孝之名で、関係者にアメリカ側の文化学会創

『ニューヨーク・タイムズ』
1929.7.31
（ダウンタウン協会における日米文化学会の発足を報じる）

tional Piano Manufacturers' Association.

JAPANESE CENTRE TO BE OPENED HERE

5,000 Books and Art Objects Donated and 30,000 Promised for Culture Library.

Plans to establish a Japanese culture centre in America, to be affiliated with the Japanese culture centre of Tokio were formulated yesterday at a meeting of several prominent New York financiers and persons interested in Japanese affairs at the Downtown Association. Jerome D. Greene of Lee, Higginson & Co. was elected chairman of the organization committee.

The meeting yesterday also marked the acceptance by the American committee of a gift of some 5,000 books, manuscripts and objects of Japanese art, recently contributed by a group of interested Japanese institutions and individuals, which includes a donation of 594 rare old volumes from the imperial household of Japan. The collection has been placed in the Columbia University Library, which will be the temporary home of the organization for the next three years, until a permanent centre has been established.

The donors in Japan have provided for the minimum expenses involved in the custody of the collection for three years, and have further given assurance that about 30,000 titles and objects of art will be added as soon as the American organization has arranged for a sufficiently large home to receive them.

The centre is to serve as a popular educational institution with the

[CONFIDENTIAL]

Columbia University in the City of New York

JAPANESE CULTURE CENTER AT COLUMBIA UNIVERSITY

Memorandum in re the development of Japanese studies and the organization of a Japanese Culture Center at Columbia University, submitted to Jerome D. Greene, Esq., Chairman, Executive Committee of the Japanese Culture Center of America, January 15, 1931

MORNINGSIDE HEIGHTS
1931

コロンビア大学 ″JAPANESE CULTURE CENTER AT COLUMBIA UNIVERSITY″(1931)の表紙

立の報告がなされている（同前）。ニューヨーク総領事代理の内山は、八月一日付の斉藤情報部長宛書簡で、「米国側カ本計画ニ対シ相当熱心ナル態度ヲ持シ、本邦側ノ活動緩慢的ナルニ於テハ彼我協調ヲ得サル」として、日本側の本格的な対応を慫慂した（「各国ニ於ケル学会関係雑件／米国ノ部」）。

二九年九月、再び帰国した角田と青木・一宮らとの協議の結果、日本側の文化学会を「此際改造して、朝野の名士も網羅し、規模も拡張し、基金も募集し、大がゝり」でやるという意見もあったが、着実に「先づ向後二ヶ年図書資料の蒐集といふことを主眼」とすることになった。その後の経過を角田は、次のように述べる（以上、二九年一二月二九日付関係者宛書簡、「日米文化学会関係書類」三菱史料館所蔵）。

岩崎男爵が卒先して、先づ本会理事の一員となられ、理事中特に一宮鈴太郎、関屋貞三郎、黒板勝美、青木菊雄の各位に御依頼下すつて特別委員会を組織し、図書蒐集の事を御配慮下さる。さうして事務所も図書蒐集、発送等に便利なやうにと、私の滞在中貸していたゞいた丸之内三菱合資会社四四三号室を引続き事務所として無代で使用させていたゞく事となり、其上に図書蒐集をはじめ其他の事務を遂行する為に常任主事を置くことになり、それには岩崎男爵から其手当を特別御寄付下すつて、永く女子学習院の首席教授だつた田部隆次氏を煩はす事となり、尚又図書の発送に関する雑務之に要する雑務等も凡て青木理事の処で御心配下さる事となりました。

二八年三月の日本側の文化学会創立時には表に出なかった岩崎小弥太は、自ら理事の一員となるほか、事務所や常任主事の給与（月額百円）などの提供という全面的な支援態勢をとったのである。常任主事となる田部《たなべ》は角田の三〇年来の友人で、「東京帝国大学で英文学を卒へ、前後三〇有余年間、第四高等学校、女子学習院の教授の職に居り、欧米諸国にも出張し、且図書課長としてかうした方面に甚深の興味と経験を有する」（同前）人物だった。二九年秋、成蹊学園にあった事務所は三菱合資会社四四三号室（丸ビル内）に移転された。

実はこの態勢整備は、アメリカ側の委員長J・グリーンの来日（京都で開催の太平洋問題調査会にアメリカ側代表として出席）に合わせ、日米の両学会が提携協力の関係を結ぶためになされたものである。一〇月二二日、理事会によるグリーン歓迎晩餐会で「文化学会ノ将来ニ付キ隔意ナキ意見ノ交換ヲ計リ」、ついで岩崎小弥太はグリーンを東京・京都の邸宅に二回招待している。一宮理事とグリーンの協議を経て、次のような提携協定が結ばれた（一二月一三日・一七日、以上『三菱社誌』第三五巻所収）。

東京駅より丸ビルを望む。丸の内百年のあゆみ三菱地所社史より

東京・丸の内の丸ビル

一、日米文化学会ハ The Japanese Culture Center of America ヲ Corresponding organization トシテ承認シ、本会設立ノ目的ヲ達スル為メ提携協力スルコト
二、日本側文化学会ハカルチユア、センタアニ必要ナル図書其他ノ文化資料ヲ蒐集シ、之ヲ The Japanese Culture Center of America ニ寄贈スルコト
三、The Japanese Culture Center of America ハコノ寄贈資料ニ対シ、会館ノ設備、維持、経営ニ関スル全責任ヲ負フ事

この提携協力の内容は、「大体会創立当時の宣言の通り」であり、「先方の委員長も悉く満足せられ」(角田前掲書簡)たという。

これと並行して、角田の奔走が実り、図書類・基金の蒐集状況は順調だった。事務所移転後、年末までに三五六冊、翌年五月末までに六〇四冊、一〇月二〇日までに五七四冊という具合である。このなかには、西田幾多郎・田辺元・三浦周行らからの自著の寄贈もあった。また、本願寺からは「仏壇」なども寄贈された(「日米文化学会概況報告」)。

コロンビア大学への恒久的移管

三年間の予定でコロンビア大学図書館に暫定的に置かれた日米文化学会は、ほどなく第四段階の「全部米国側の管理に移して永久的のインスチチユシヨンとする事」の検討を迫られた。

日本側からの維持資金提供の期限が三一年六月であり、コロンビア大学の施設無償提供の期限も近づいてきたのである。これについて、角田は一九三八年に日本に戻ったとき、五月の日本図書館協会の総会でおこなった講演「米国に於ける日本研究」のなかで、次のように語っている（『図書館雑誌』一九三八年九月）。

三年間は岩崎男爵のお世話でコロムビア大学図書館の中に一室を借受けて、そこで日本文化の紹介を始めたのであるが、段々やつて行く間にどうも費用が沢山掛る、殊に図書館は場所を大変に取るし大きな建物を必要とする。且つ人手を沢山に要する。之を日本の方の基金で何時迄も続けて行くといふことになると前途甚だ心配である。又その間には勿論日米関係も幾分思はしくない状態に陥らんとして来た。米国人は人気見であるから、国と国との間が非常に都合の好い時には可なり乗り気になるけれども、少しく国際関係が危くなつて来るとその反動が又きびしい。それやこれやで、日本人の手のみで米国に於て何時までも育てて行くといふことは非常に困難があることを見出しました。

角田は戦後の回想でも同様な発言をしている（前掲座談会「アメリカの真実を認識せよ」）。おそらく慧眼にも角田は日本文化学会の構想段階からこうした事態を予想し、それゆえアメリカ側への恒久的移管を最後の第四段階として設定していたわけであるが、実際に日米文化学会が創設されてみると、財政面・運営面でのきびしさを再認識したと思われる。角田の最初の構想にあった独立した会館創設も検討されたが、多額な建設費と維持費の問題のほか、学術的水準の低下のおそれもあるとしてこれは断念され、アメリカ側機関への恒久的移管という現実的な選択となっていく。すぐにワシントンの議会図書館、ボストン（ケンブリッジ）のハーバード大学、そしてコロンビア大学の三機関から申し出があり、「引張凧」（「アメリカの真実を認識せよ」）になったという。そのなかで、アメリカ側の日本人関係者は、コロンビア大学が一旦引き受けてくれた恩義上からもニューヨークに置くべきという意向が強かったが、委員長のグリーンはハーバード大学支持だった。議会図書館は脱落し、コロンビア大学かハーバード大学かに絞られた。ハーバード大学からは五年間、年額五千ドルまでの維持費負担の申し出があったという。

こうしたなかで、角田は次のような折衷案を提示する（青木・田部宛書簡、一九三一年一月一四日付「日米文化学会関係書類」）。そこでは、「普通文化機関」としての性格を持たせたいコロンビア大学と「高等文化機関」としての性格を持たせたいハーバード大学の受入れ方針の相違があったことがわかる。

両地ノ形勢ヲ案スルニ、ハアバアド大学ノ希望スル所ハ主トシテ日本ノ歴史的文化ニアル、コロンビヤ大学ニ必要ナモノハ政治、経済、社会問題等ノ現代文化ニ関スルモノガ中心デアル故ニ、図書蒐集ノ方面ヲ拡大スルト共ニ、蒐集シタ図書ヲ以上ノ大綱ニヨツテ分割シ、両大学ノ希望ヲ同時ニ満足サセル方法ヲ取ルノガ最上ノ方法デアル、其ト同時ニ必要ニ応シテ両大学分属ノ図書ハイツニテモ相融通シ得ル途ヲ講ジテ置ケバヨイ、幸《さいわい》コロンビヤ大学デハ他ニ出資者ガアツテ政治学講堂ヲ設ケル準備ヲス丶メテ居ルカラ、其人ニ其方面ヲ一任シ、私ハ歴史的文化ニ関スル図書ヲ纏メテハアバアド大学ヘ移ツテ行ク、サウシテ月次紐育及ボストンニ於テ文化学会ノ理事会ヲ催シテ、重要ナル会務ヲ措弁シテ置クヤウニスレバヨイ

（中略）

カウナレバ純文化関係ノ図書ハ岩崎文庫トイフ形デハアバアド大学ニ納マツテ、コレガ日本文化ノ歴史的研究ノ核子トナリ、其他ノ現代モノハ政治、経済、社会問題等ヲ中心トシテコロンビヤ大学ニ収マリ、コレガ新日本ヲ研究スル機関ノ中心トナリ、カクシテ両方ニ分属シテモ、日米文化学会ガ其連絡統一機関トシテ両方ノ共同ト融通ヲハカルコトニナリマス

角田は分属という折衷案を提案しつつ、自らの処遇も含め、ややハーバード大学移管に傾いているようである。なお、グリーンの考えは「是非コノ際、世界ニ於ケル日本文化研究ノ中心機関トシテ恥カシカラサルモノヲ創立シタク、其点ヨリハアバアドニ移スヲ最モ妥当ト信ジテ居ル」というものであり、ハーバード大学の「高等文化機関」が確立後、コロンビア大学に「相応ノ設備」（同前）をすべきとする。日本側の文化学会では成行きを静観していた。青木理事が外務省の斉藤博に問うたところ、グリーンの「説ニ随フヨリ外ニ方法ハアルマイ」という答であった。斉藤も「コロンビヤハ雑駁ナトコロダガ、ハアバアドハ本当ニ学問ノ研究所デア

ル上、日本学者モ多数ダカラ、書物ノ寄付ヲ受ケタ以上、ソレヲ利用スル方法モ講ズルダラウ」（各理事宛田部書簡、三一年二月一〇日付「日米文化学会関係書類」）とみなす。

大勢がハーバード大学移管に傾いたとき、事態は急変してコロンビア大学移管に決した。三〇年一二月五日付のグリーンの問い合わせに対して、バトラー総長が同月一五日付の返信で新たな構想の下での受入れを言明したのである（「J・グリーン文書」）。それは正式には、翌三一年一月一五日付で作成された、コロンビア大学における日本研究の進展と日本研究センターの創設に関する覚書"JAPANESE CULTURE CENTER AT COLUMBIA UNIVERESITY"で表明された。それまでの「普通文化機関」という性格から転換するもので、これを二月五日のアメリカ側文化学会の実行委員会は受入れた。グリーンは青木宛の二月七日付電報で、「Culture Center ノ目的ヲ達スルコトニ就キ（角田氏ノ給料ヲ含ム）、コロンビヤ大学ヨリ満足ナル保証ヲ得タルヲ以テ、我ガ実行委員会ハコロンビヤニ Center ヲ置キ、大学ニ最初ノ完備セル蒐集ヲ寄付スルコトニ就キ満場一致ヲ以テ可決セリ」と報じてきた。日米文化学会は「公共団体」として残り、さらに「合衆国ノ他ノイクツカノ Center ニ於テ同様ノ活動ヲナサンコトヲ企図ス」（以上、『三菱社誌』第三五巻）という方針も確認された。

やや後の三一年六月五日付の幣原喜重郎外相宛の「『ジャパニーズ・カルチャー・センター』最近ノ状況報告」で、ニューヨーク総領事堀内謙介は「此ノ種施設ハ其目的ヨリスルモ、他地方ヨリハ紐育ニ其本拠ヲ置クコト望マシク、又仮リニ独立会館ヲ設クルトモ之ニ対スル一般ノ人気永続スルヤ否ヤ疑ハシキノミナラス、動《やや》モスレハ之レカ利用ヲ通俗化シ、学術的標準ヲ低下セシムルノ惧《おそれ》ナシトセス」という判断も加味されたとしている（「各国ニ於ケル学会関係雑件／米国ノ部」）。

それでは、当初「普通文化機関」としての性格を考えていたコロンビア大学の起死回生策とはどのようなものだったろうか。堀内総領事からの報告によれば、それは次のようなものであった。

（一）　略

（二）「コ」大学ハ之ニ対シ同大学教授及右「カルチヤー、センター」ノ代表者ヨリ成ル特別委員ヲ指名スルト共ニ、独立ノ Institute of Japanese Studies ナル一機関ヲ新設シ、本特別委員指導ノ下ニ今後日本文化ニ関スル研究及情報供給等ノ任ニ当ラシメ、之レカ維持費ヲ負担ス

（三）　略

（四）「コ」大学ハ又日本関係ノ図書ヲ一括整理ノ上日本図書部ノ完成ヲ期シ、目下考案中ナル新図書館増設ノ暁ニハ、現図書館内ノ中央広間ヲ之レカ展覧室ニ当テタキ意向ナリ

（五）「コ」大学ハ「カルチヤー、センター」ノ角田柳作ヲ右日本図書部ノ司書ニ任命シ、其補助員トシテ専属ノ図書係一名ヲ置キ、其俸給及該図書部維持ニ関スル諸経費ヲ負担ス

（六）「コ」大学ハ新ニ日本語及日本文学ニ関スル正科学部ヲ増設シ（目下同名ノ科目講座アリ、清岡英一ナル「コーネル」大学卒業生教授シ居ルモ、右ハ極メテ初等ノ教育程度ヲ出ラス、固ヨリ不充分ナリ）、同時ニ各分科ノ教授科目中ニ更ニ日本ニ関スル学科（例ヘハ歴史、政治、経済、宗教、美術等）ヲ増設、又ハ拡大スルコト
（七）前記日本語及日本文学部ノ教授ノ職ニハ、当国又ハ欧州ニ於テ教育ヲ受ケ、英語ニ精通セル適当ノ日本人及日本ニ長年居住シ、日本語及日本ノ事情ニ明ルキ米国人又ハ欧州人ヲ任命シタク、行々《ゆくゆく》ハ少数ノ米国人ヲ右日本部ニ於テ養成シテ之ニ当テタク、更ニ事情ノ許ス場合ニハ、将来日本ノ大学トノ間ニ交換教授ヲモ実行シタキ考ヲ有ス

つまり、コロンビア大学では、図書館・博物館機能の整備充実にとどまらず、「高等文化機関」的性格をもつ研究教育機能、さらに文化情報の発信などが可能となる組織体制を約束したのである。あわせて、実質的な推進者である角田の処遇も考慮されていた。覚書"JAPANESE CULTURE CENTER AT COLUMBIA UNIVERESITY"には、前述の日米文化学会が暫定的に受け入れとなる経緯から、その設置に刺激されて複数の学部（美術、社会科学、哲学など）やユニオン・セオロジカル・セミナリー、コロンビア・カレッジなどで日本の諸問題への関心が高まりつつあることが述べられている。また、すでにおこなわれてきている日本語教育の拡張も望まれている。「現在は日本文化に対するより広く正確な理解を与えるために、より一般的な教育プログラムを実行する組織をつくる段階にきている」と明言する。

角田柳作（1930年、五言詩が添えられている）
「東西南北人　一処往不断
家国風色好　高山接白雲
昭和庚午　坡土遜柳生」
「坡土遜」はハドソン川にちなむ号

COLUMBIA FORMING JAPANESE CENTRE

Many Rare Oriental Books Are Donated to Aid International Cultural Project.

MAY GET OWN HOUSE LATER

University Also Announces It Will Develop Strong Department of Japanese Instruction.

A program leading to a Japanese cultural centre here, equipped with many rare books and manuscripts of the Orient and providing for American appreciation of Japanese intellectual and social development, was announced by Columbia University yesterday. The plans call for an accompanying development of a strong department of Japanese language and literature, offering instruction in all phases of Japanese culture.

The Japanese Culture Centre of America, which for two years has collected and transferred thousands of cultural rarities from the Orient to Morningside Heights, is the sponsor of the program. It was organized in 1928 to foster interest in Japanese culture among the American people and to promote thereby cordial and friendly relationship between the two nations. Provision was made for an affiliated ...

curator of the Japanese collection at Columbia.

The material already sent to the university was described yesterday by Dr. Charles C. Williamson, director of university libraries. Most of it is the gift of Baron Koyata Iwasaki, he explained, head of the Mitsubishi Company and also chairman of the Culture Centre group in Japan. Other members of the same body active in the project are T. Sekiya, Vice Minister of the imperial household; K. Aoki, director of the Mitsubishi Company; R. Ichinomiya of the Yokohama Specie Bank; Dr. K. Kuroita of the Imperial University of Tokyo, and Professor R. Tanabe of the Peeress' College, Tokyo, who is executive secretary.

An imperial gift, including volumes tracing the cultural life of Japan back 2,000 years, Dr. Williamson said, is one of the most important units received. Collections of Korean history, bibliography and archaeology from the Japanese Government in Korea, a complete set of photographic studies of the national art treasures from the department of education, books on ancient Oriental metal work from Baron Sumitomo, valuable work on art from Barons Kawasaki, Furukawa and Okura; 200 volumes on Buddhism from Ohtani University, and a complete set of the publications of the Waseda University Press from Dr. S. Takata are other features of the collection. All are being temporarily stored in the Columbia main library, Dr. Williamson said.

Books in Other Languages.

Besides books in Japanese, there have been donated many works concerning Japanese history and culture in English, French, German and other languages. Baron Mitsui, wealthy banker and art patron, is the principal donor of this section. J. W. T. Mason has also contributed his private library on Japanese life and culture, Dr. Williamson said.

Mr. Greene explained the choice of Columbia as the setting for the new centre, saying:

"While the fundamental purpose of the Japanese sponsors of the Culture Centre in America is the development and diffusion in this country of a wider and more adequate appreciation of Japanese culture, it is the belief of those chiefly concerned with the movement that such diffusion of popular education and understanding must always be informed and inspired by first-rate scholarship. It is for this reason that the Culture Centre welcomes a university affiliation."

The only three Japanese courses now offered at Columbia are given by Mr. Ryusaku Kiyooka. According to Dr. Williamson's announcement, the projected Institute of Japanese Studies will call for undergraduate and graduate instruction and research in Japanese history, government, and po... tions, comm... science, art, ...

Although ... ally a separ... fered to the ... the collectio... present in t... library build... announceme... coming.

A Columbia ... submitted t... that, if it ... use a separa... anese collec... would at the ... its offer, w... several mon... house on 117...

The Columb... push the wor... the Institute ... be headed by ...

Open Bids o...

Special to ...

HACKENS... The Bergen ... holders this ... for the excav... erection of ... Administratio... joining the C... sack. It will ... bids are co... action.

『ニューヨーク・タイムズ』1931.3.17

折からコロンビア大学教育学部教授で、日米文化学会の副委員長でもあるモンローが、中国での要務の帰路、日本を訪れた。すでに、双方の文化学会ではコロンビア大学への恒久的移管を内定していたので、二月二八日に岩崎別邸で開かれたモンロー歓迎の晩餐会はそのお披露目の場となった。モンローは日本滞在中に、さらに大倉・三井・渋沢、東京大学、朝日新聞社などの日本側寄付者と会って、コロンビア大学のプロジェクト進展の意図を伝えている。すでにサンスクリット講座をもつコロンビア大学では、中国・ペルシャ・日本研究の施設を設けて、アジアの言語と文化の研究機関を完備する、というものであった（『ニューヨーク・タイムズ』三一年三月四日、六日）。

また、四月一四日には、新婚旅行中の高松宮夫妻がコロンビア大学を訪問し、バトラー総長らの歓迎をうけ、角田の案内で図書館内の「日本文庫」を見学した。日米文化学会への皇室からの寄贈に関連して、この訪問が設定されたのだろう（『新報』三一年四月一五日）。

すでに暫定的な受け入れをしているコロンビア大学への移管はもっとも自然な流れではあるとはいえ、角田の図書館主事としての継続を保障し、本格的な日本研究・教育の体制を作っていくという計画が大学の方針として明確にされたことが決め手になったといえよう。コロンビア大学側の推進力となったのはモンローやE・グリーン教授（米国史、J・グリーンの兄）で、角田はE・グリーンについて、「日本生れの為か、大学内の日本学部は創立匆々から委員長で文字通り懇篤に世話をされて、学部の今日あるのも全く同博士の終始一貫した外護の賜物といつてよい」（『新報』三九年一〇月二五日）と評している。

「日本文庫」への移行

コロンビア大学では、先の新提案の直後から、バトラー総長と五名の教授でCommittee on the Japanese Culture Centerを設置し、「諸種ノ施設」を考えている。さしあたり、角田を「日本図書部ノ司書」に任命し、大学が七月から俸給を支給すること、九月の新学期から法学部に「日本近世政治経済史」（赤木英道を招聘）の科目を設けること、また「歴史部」においても日本歴史に関する科目を新設し、角田に講師を任命する予定という（前掲、外相宛堀内総領事報告）。

そして、東京とニューヨークの各日米文化学会の賛同がえられたのを受けてコロンビア大学は一九三一年三月一六日、正式に日本語と日本文学部門の創設、日米文化学会の恒久的移管を発表した。ウィリアムソン図書館長によれば「日本研究施設」（The Institute of Japanese Studies）は学部と大学院からなり、日本歴史・政府と政治・国際関係・商工業・社会科学・芸術・宗教・思想の研究と教育が実施される計画で、将来「日本文庫」（The Japanese Collection）には独立した建物が与えられる予定もあるという（『ニューヨーク・タイムズ』三一年三月一七日、なお同内容のことはコロンビア大学の広報紙"Columbia Spectaor"でも報じられた）。つまり、日米文化学会は、コロンビア大学のなかでは「日本研究施設」（The Institute of Japanese Studies）と「日本文庫」（The Japanese Collection）という組織になったのである。正規の移管は角田の図書館主事としての給与がコロンビア大学側から支給される七月からと思われるが、それ以前から「日本文庫」と呼ばれるようになっていた。

五月二〇日、アメリカ側の文化学会は総会を開き、蔵書のコロンビア大学への正式引渡を決定した。同時に、名称を日米文化学会から「日本研究会」（The Society for Promotion of Japanese Studies）と改称し、新たな活動方針を決定した（前掲、外相宛堀内総領事報告）。なお、グリーン委員長、モンロー副委員長などの顔ぶれは変らず、角田も委員（主事）となっている。

（一）本会ハ日米両国ノ聯絡機関トシテ今後一層本邦文化ノ紹介ニ努メ、先ツ「コ」大学其他当国諸大学等ニ於ケル日本文化ニ対スル機運ノ動キヲ善導シ、益々日本ニ対スル研究熱ヲ高メシムル目的ヲ以テ、不取敢米国教育界ニ於ケル日本研究ノ程度ニ付、各大、中、小学ニ亘リ成ルヘク広ク調査スルコト

（二）会員ノ増加ヲ図ルト共ニ、出来得レハ将来寄付金ヲ募リテ奨学金制度ヲ設ケ、米国人中日本研究者ヲ一定期間本邦ニ送リ、大学其他ニ於テ実地研究セシムルコト

（三）日本ニ関スル研究論文又ハ有名著書ノ翻訳等ヲ奨励援助スルコト

（四）日本関係書籍ヲ更ニ広ク蒐集シ、「コ」大学内ノ日本図書部ノ充実ヲ期スルコト

最後のことは、それまで約一万冊が集まったものの、「内容統一ヲ欠キ、大学等ニ於ケル研究資料トシテモ不充分」という認識に立ち、一年間の予定で「当地ニ備付ノ必要アリ」と認め

られる図書を寄付金で集中的に購入するというものである。この具体的な実施状況も含め、日本研究会が掲げた新たな活動方針がどこまで実施されたかは不明である。

コロンビア大学への移管が決定し、角田の身分も「日本文庫」の主事兼「日本研究施設」の講師として確定したことから、角田は五月二六日、感謝の「旧知招待会」を主催している（『新報』三二年五月三〇日）。この年にも再び図書・資料蒐集のために日本に帰国する予定だったが、九月から新学期が始まり、前述の新設の講義を担当することになったため、見合わせた。

日本側の文化学会では、角田からの報告にもとづき、五月六日の理事会でアメリカ側の日本研究会への改称などをめぐる問題を協議している。おそらく、日本側の日米文化学会はこの移管を期に「日本文化学会」と改称したもようである。青木・田部を中心に、引きつづき図書・資料の蒐集と寄贈をおこなっている。三六年頃まで、角田は自らの肩書きとして「日本文化学会主事」を用いている。

一九三二年九月の角田の日本帰国の目的は、「日本研究会」の依頼により、「本邦ニ於ケル本事業関係者ニ対シ、右 Japanese Culture Center ノ『コロンビヤ』大学ヘノ合同及其後ノ事情ヲ説明シ、且今後ニ於ケル其発展ニ関シ協議スル為」（ニューヨーク総領事堀内謙介の外相宛公信三二年九月三日付「本邦ニ於ケル文化研究並同事業関係雑件」）であった。これに先立ち、七月には、ハーバード大学エンチン研究所で日本研究のために開かれた最初の本格的セミナー「極東研究講習会」の講師として、「日本研究会」は角田を派遣し、その財政的負担もおこなっている（Society for Japanese Studies の「覚書」、一九三三年二月）。この会は、その後はサロン的な日本の美術・芸能などの研究会として存続したようで、一九四〇年二月に年次総会を開いていることが確認される。

「日本文庫」の拡充

日米文化学会がコロンビア大学に暫定的におかれることが決定した一九二九年五月の時点で、角田が日本で蒐集ないし寄贈を受けた図書約七千冊が届いていた。これにアメリカ側の日米文化学会の創立メンバーでもあるメーソンから蔵書三百冊、前一高教授クレメンスからも六百余冊が寄贈されるという（『新報』二九年五月一一日）。その後、正式移管が決まる時点で、東京の日米文化学会関係者は、日本からの寄贈はすでに一万冊以上になっており、さらに増加される見込みと語っている（『ニューヨーク・タイムズ』三一年三月四日）。

岩崎小弥太による日米文化学会に対する経常費の支出は三二年七月で終わったが、その後、三三年一〇月、さらに「特ニ本年ヨリ向フ三ケ年間丈年額五千円宛寄付」することになった。三四年九月、三五年一〇月と支出されている（「寄付委員会議事録」、三菱史料館所蔵）。

「日本文庫」（The Japanese Collection）として整備が進んだ三三年一二月の "Columbia University Quarterly" に角田は "The Gift from the Imperial Household of Japan , in the Japanese Collection, Colmbia Univeresity " を寄稿し、皇室からの寄贈図書が五五九四冊であったとして、貴重書の解説をおこなっている。この時点の総冊数は約一万三千冊である（坂西志保の入館した三〇年当時の議会図書館の日本関係図書は約一万二千冊）。その後、三八年には二万五千冊（ほかに日本関係の洋書一七〇〇冊）に増加し、「日本国外におけるジャパン・コレクションの最高の一つ」（「講義要綱」の記載）と自負している。四〇年には二万八千冊、四五年には三万四千冊、四八年には三万九千冊、六一年には五万五千冊を数え、「日本に関する人文・社会科学研究において、全米で高い地位にある」（「講義要綱」の記載。議会図書館の四一年ころの蔵書数は約三万四千冊）とされた。これらの着実な拡充は、角田が直接関わっているはずである。角田の図書・資料蒐集のための日本帰国は、戦前はさらに三二年、三六年（妻やすの本葬のため）、三八年になされた。

「日本文庫」には、故高峰譲吉の遺品の一つで、チェンバレンが菊池大麓に贈った『古事記』の英訳書第一版なども所蔵されていた。また、三三年には角田の奔走が実って、川合玉堂、平福百穂、松岡映丘、結城素明の新作日本画が住友家から寄付される（『新報』三三年九月九日）。同一〇月からは「日本文庫」所蔵の古文書・絵画類の展覧会も開かれている（『新報』三三年一〇月二五日）。

三五年四月には、図書館の本館新築（現在のバトラー館）にともない、「日本文庫」は四一四号室から二〇七号室に移転した。角田主事の事務室は隣の二〇八号室となり、後述する角田の授業の多くはこの部屋でおこなわれた。三五年四月六日の『新報』は、「支那文庫も日本に隣接して移室せるが、日支両文庫の主事は左右の二室を占有し、中央の広間は日支の図書を分有して東洋研究の為めに理想的の設備成り、該広間に収容し得ざる部分は階下の一室に所蔵することになつた」と報じている（「中国文庫」の発端は早くも一九〇二年からあり、この時点では約三倍の蔵書量を誇っていた)。大学当局が「日本文庫」「日本研究施設」のために独立した建物を用意するとした当初の計画は実現にはいたらないものの、日本研究・教育は着実に進展していった。先の三一年六月五日付の堀内総領事の報告では、「本会ハ此ノ種施設トシテハ未タ小規模ニシテ、現在ニ於テハ遽《にわか》ニ多クヲ期待シ得サル事情ニアルモ、今後『コロンビア』大学側ノ本企画ニ対スル態度如何ニ依リテハ将来相当興味アル事業ノ一タルヲ得ヘク」と予測されていた。

角田が三度目の図書・資料蒐集に日本に帰国(一九三二年九月より)した留守をあずかっていたヨーンという女性館員の語るところでは、九〇冊がニューヨーク市内の個人に、一一冊が市外の図書館に貸し出されたほか、一三五人の学生(半数はアメリカ人で、残りは日本人と中国人)が利用しているが、一般的には存在がまだよく知られていない、という(Society for Japanese Studies の「覚書」)。この少し前に「日本文庫」を視察した岩村成允は、「日本部も支那部も各二三室を占め、日本及支那の書物各数万冊と新聞、雑誌等を備へ、日本部には角田氏、支那部には支那人が居つて研究を指導して居りますが、茲で研究する米国人の数は多数といふ程ではない様であります」(岩村「欧米各国に於ける東洋学術研究の現状」外務省文化事業部、一九三三年一〇月)と述べている。

一九三七年四月から一〇月にかけて欧米を回り、「所謂日本学研究について、その設備状況等を視察研究」した経済学者本庄栄治郎は、アメリカの部の冒頭でコロンビア大学を取り上げ、その「日本学研究は最も注意すべきものゝ一つ」とする。「辞書・百科辞典・文学・歴史等の書籍が最も多く、政治経済に関する方面の図書は、従来意識的には蒐集されて居ないとのことであるが、それでも相当集まってゐる」と述べ、「角田氏の努力」に言及する。本庄はコロンビアについで議会図書館やエール大学などを概観したあと、「国際親善は文化研究から」だとして、「その文化研究は日本を根本的に理解し得る確乎たる信念を植え付けるべき日本学の研究でなくてはならぬ」と結論する（以上、「欧米に於ける日本学研究につきて」『経済論叢』第四六巻第二、三号、一九三八年三月）。

注目すべきは、本庄から送られたこの抜刷（「欧米を巡りて」（『経済史研究』第一九巻第二号　三八年三月）の抜刷と合冊）の裏表紙に、角田が次のようなメモを書いていることである（早稲田大学中央図書館「角田柳作文庫」所蔵）。

一、日本文化学会トコロンビヤ大学図書部〔ママ〕
私ノ希望、永久ノ文化的施設〔ママ〕ナシ、日本ノ力ニテ
建設セン、岩崎男爵ノ庇護、各方面、現在ノ蔵書
数 28000、初メ独立ノ center　、後コロンビヤへ併
合、ハァヴアド、Library of Congress　、現在ノ
Faculty

角田メモ

（本庄栄治郎「欧米を巡りて」の抜刷の裏表紙）

簡潔に日本文化学会の設立意図や経緯がまとめられている。さらに「四、凡テノ研究ノ中心ハ図書館」という記述もある。日本文化学会の創設・「日本文庫」への移行からほぼ一〇年を経て、全米における「最も注意すべきものゝ一つ」という本庄の客観的な評価は、角田にこの間の感興を呼び起こすとともに、いくらかの達成感や自信をもたらしたであろう。角田自身が、「沢山日本から持つて行つて図書館に積んで置くといふ方であつて、本当にそれを扱ふ者は少なかつた。所が最近に於ては大西洋沿岸は無論であるが、太平洋沿岸の学生も私共の方に集まつて来て色々とこの図書館を利用するといふ機運に向つて来た」(「米国に於ける日本研究」)と手応えを感じるようになるのは、このメモを記した三〇年代の後半だった。それには、後述するように、コロンビア大学自身の日本研究・教育の体制が整備拡充されるとともに、日米関係の重要性が増すにつれて、日本研究への関心が高まってきたことが背景にある。

このようにして「文化的負債」の償却をめざした角田の構想は軌道に乗りはじめたが、それは本格的な日米文化交流の誘い水になったともいえる。「満洲事変」以降の日米関係の悪化を緩和する意図を背景とするとはいえ、角田構想と同種の図書館設置が試みられた。一つは、三三年、「米人中日本及び日本人に対する認識不足」の蒙をひらくためとして(もう一つの目的は在米二世の教育のため)、「日本の文化に関する総ゆる書籍を蒐集保蔵し、以て米人の研鑽に資する」というロサンゼルスの羅府日本人会が進めた図書館設置運動である。これには、ロサンゼルスの領事から外務省に協力要請がだされている(以上、「各国図書館関係雑件」外交史料館所蔵)。どのような結果になったのか不明ながら、アメリカ東部の角田の日米文化学会・「日本文庫」

を意識しながら、在留日本人も多く、日米関係とも関わりの深い西海岸地域の日本文化紹介の貧弱さに目が向けられた。

もう一つは、外務省の動きである。一九二〇年代後半にあっては角田の要請に理解は示しながらも、財政面での協力には踏み込まなかった外務省は、三〇年代半ばからは日本への風圧が強まるなかで、「文化ノ海外宣揚」を積極化しようとした。その一環として、さらに「最近ノ情勢ハ米国主要都市ニ文化事業ノ中心ヲ設クルノ必要ヲ痛感セシムルニ至レリ」として、三九年、ニューヨークに前田多門を館長とする「日本文化会館」（Japan Institute）を設立する（外務省文化事業部『昭和十三年度執務報告』一九三八年一二月）。すでに三五年、三八年と国際文化振興会の樺山愛輔がニューヨークを訪れ、開設の調査をしており、角田からも状況を聴取したと思われる。議会図書館東洋部の日本課長だった坂西志保も、その必要性を強く説いていた（『坂西志保さん』編集世話人会『坂西志保さん』）。なお坂西は国際文化振興会に働きかけて、約四千冊の日本紹介図書の移動図書館である「ジャパン・レファレンス・ライブラリー」創設を実現している）。これはロックフェラー・センターのなかに開館し、「和書（主として日本文化、歴史政治、経済等に関するもの）約二千五百冊、日本に関する洋書一千冊及び新聞雑誌類」（『新報』三九年二月二五日）を備えた。『ライシャワー自伝』によれば、「戦争を身近に感じたのは、日本政府が広報活動を強化したことだった」として、この「日本文化会館」設置をとりあげている。

三〇年代末の時点では、遅きに失したものの、樺山や前田の真意は、おそらく角田が「文化的負債」の償却による日米友好関係の増進を念願したと同様なところにあったと思われる。前田は開館に際し「黙滴の如くポツリポツリと進むで往く方針で、政治的乃至営利的色彩を帯びたものとは全然畑が違つて居り、気永に種を蒔く積り」（『新報』四〇年二月二四日）と語ったといわれ、戦後の回想でも「所謂宣伝でなく、真に日本を研究したいといふ人を相手に、粉飾のない、客観的資料を提供する事業を起そう、併せて、西洋人の最も諒解に苦しむ日本文化を紹介しようといふ目的」（前田「道草の跡」『前田多門　その文その人』所収）であったと語るが、それは角田が一〇年前に考えていたことに等しい。しかも前田は、「東西文明は必ずいつの日か、渾然融合して一つになるものだ」（「道草の跡」）と考えていた。自らの構想を引き継ぐものとして、角田が「日本文化会館」の創設に協力的だったことは確かと思われる。開館直後の四〇年二月二〇日の、最初の講演会で、角田はアメリカ人の聴衆約一七〇人を前に「日本文化の堆積的見解」("Cumulative View of Japanese Culture")という題で話している。

戦後、七〇歳となる角田はコロンビア大学側から「懇望」されて、「日本文庫」主事から退くのを一年延長した。一九四八年四月、退職する角田の長年の功労に報いるため、コロンビア大学では「角田氏引退記念　歴史資料展覧会」を開いている。

このように角田は、日本研究・教育に不可欠な図書・資料の整備という点で、コロンビア大学にとどまらずアメリカの「日本学」の基礎を固めた一人であった。そして、角田の「日本学」への貢献はそれにとどまらない。

Ⅳ　「日本学」の「先生」

「日本学科」の創設へ

一九三〇年代前半の「欧米諸国に於ける東洋学術研究の現状」を視察した岩村成允は、「米国の東洋研究は仏国等に較ぶれば極めて新しく、各学校や研究所学会等の研究種目を見るに、現実に触れた実用主義のもの即ち政治経済等の研究が最も盛んで、東洋諸国の地理国情及歴史―其歴史も現代又は近世を主とする外交史、文明史、美術史等が多」い、と述べている。また、東部ではハーバード、エールの大学、西部ではスタンフォード、カリフォルニア、ワシントン州立大学における研究がもっとも盛んで、「之に次ぐは紐育の『コロムビア』大学、『シカゴ』大学」などとも観察している。岩村のコロンビア大学視察は、三一年秋の新年度の「日本学科」創設の前後と思われる。

コロンビア大学では中国関係の授業が一九〇〇年代から提供されていたのに対して、日本関係のものとしては『武士の娘』の著者として知られる杉本えつ子が「日本文化史」を、また清岡暎一（福沢諭吉の孫）や富桝周太郎（夏期講座）が日本語を一時期教えていたことがあるだけで、三〇～三一年度には日本関係の授業はなかった。そこに前述のように、日米文化学会の暫定的受け入れとともに、学内に高まってきた日本研究の機運に応えて、大学当局は学部・大学院における研究・教育体制の創設を図ったのである。もう一度繰りかえせば、ウィリアムソン図書館長を委員長とする委員会は、日本研究を進める環境整備と目標を検討し、まず有能な日本人研究者の招聘、ついで十分な語学能力をもつ欧米人の日本研究者の獲得、そして将来的には小規模ながらも日本研究の学部を設けてアメリカ人の研究者・教育者を養成するという三段階の体制整備を計画し、実際に数年後にはこのとおりの達成をはたした。「組織としての日本研究の始まりは、コロンビア大学だった」というD・キーンの証言（「海外における日本研究」『二つの母国に生きて』所収）は、この三一～三二年度からの日本研究の発足を指している。

いうまでもなく最初の日本人研究者の招聘の一人が角田柳作であった。ただし、図書館主事として給与がでているため（当初は、恒久移管前の待遇と同等の年俸四千ドルだったと思われる）、講師としての負担は無給だった（一九三一年から四八年まで無給。なお理由は不明ながら四七年上半期だけ給与が増額されている）。また、日本外交史を専攻する赤木英道（安部磯雄の女婿）が三一～三二年度から三年間、授業を担当しているが、これには角田の推薦があった。三五〜三六年度には、当時東京のイギリス大使館の商務参事官で休暇中であったジョージ・サンソムを客員教授として招聘するほか、美術史専攻のヘンダーソンが講師に加わった。そして、三七〜三八年度には、ヒュー・ボートンも講師となった。すなわち、彼らは十分な語学能力をもつ欧米人の日本研究者の獲得に相当するわけである。もっともジョージ・サンソムはすでに『日本文化小史』を著して、欧米の日本研究者としての地位を築いており、コロンビア大学への招聘（その後二度招聘され、一九四八年からは初代の東アジア研究所長となる）は、ハーバード大学がエリセーエフを招聘するのに照応していた（角田自身も、「第一期の仕事は、すでにヨーロッパで日本研究、東洋研究に名をなした大学の教授連をアメリカに呼んだ」と指摘して、サンソムやエリセーエフの名をあげている〔座談会「角田柳作氏にアメリカを聴く」『早稲田学報』一九五五年四月〕）。

宗教と思想史の講義

一九三一年三月にコロンビア大学が開設を明らかにした「日本研究施設」（The Institute of Japanese Studies）は、九月からの新年度、まず「古代および東洋の言語文学」部のなかに「日本語と文明」コースというかたちで実現し、四科目がおかれた（「中国語と文明」は一四科目）。「日本語」は初級と上級の二コースで清岡が担当し、「歴史」は一つが赤木担当の「日本の政治社会史」で、もう一つは角田が担当した「日本の歴史と文学」である。この「歴史」

の二科目は、歴史学部の科目としても開設されており（その後も同様）、実際の受講者は歴史学部からが多かったようである。この科目編成と担当は三年間継続された。

「講義要綱」に記載された角田の「日本の歴史と文学」の内容は、西欧文明と接触をもつ前の日本の民衆の文化的伝統を主題とするもので、英訳された文献を用い、日本語の知識は不要とされた。週に二回、三単位の科目である。戦後、早稲田関係者との座談会のなかで、角田は次のように語っている（「角田柳作氏にアメリカを聴く」）。

私共が図書館をもっていってコロンビヤで引受けたのは三十一年ですが、それと同時にコロンビヤで日本に関する学科は正科として取扱うというアナウンスメントがあって、日本語をやる者にもあたり前のクレジットをやるし、歴史のほうをやる者もクレジットをやるということで、それ以来は日本の科目はほかのものと同じように大体はスリーポイントの正科になったわけです。その点は日本語、日本歴史、日本美術史等が始めてから間もなく設けられたんですが、それを通じてレギュラーユニバスティコースになっているわけです。

一九三四～三五年度は、赤木の契約が切れたため、「日本語」二科目（エルドリッジ担当）と「歴史」一科目に減った。角田の契約も当初三年間だったが、その余人に代え難い授業という評価が定まり、この年度から延長されたと思われる。「聖徳太子から復古神道までの日本の文化史」として、一九世紀半ばまでの日本人の思想の展開があつかわれることになっていた。

ジョージ・サンソム
（サンソムは1948年、コロンビア大学東アジア研究所の初代所長となった）

History 265–266—Selected topics in the history of Japanese civilization. 3 points each session. Mr. Tsunoda.
F., 10–12. 106 Low Memorial Library.
Critical discussion of significant problems in successive periods of cultural evolution.

History 365—Research conference in Japanese studies. 3 points Winter Session. Professor Sansom.
Tu., 4:10–6. 106 Low Memorial Library.
Students admitted only with instructor's permission.

History 366—Problems in Japanese history. 3 points Spring Session. Mr. Tsunoda.
Hours to be arranged. 106 Low Memorial Library.
Guidance in research. Students admitted only with instructor's permission.

[History 277–278—History of Japanese religion. 3 points each session. Mr. Tsunoda.
Not given in 1940–1941.]
A history of Japanese religion from the earliest times to the present with special reference to its literary and artistic significance. Its continental background and foreign influences are constantly kept in mind.
Students who have not completed *History 277* are admitted to *History 278*.

History 277A–278A—History of Japanese thought. 3 points each session. Mr. Tsunoda.
Tu. and Th., 4:10–5, 208 Low.
A survey of Japanese thought from the early days of apprenticeship to Chinese and Buddhistic thought to the present time of militant nationalism, with special attention to the influence of Western thought.

History 377–378—Problems in Japanese history. 3 points each session. Mr. Tsunoda and Professor Borton.
Hours to be arranged.
This course includes guidance in the use of Japanese historical material as well as discussion of the special aspects of Japan's development. Problems in the ancient and medieval periods are taken by Mr. Tsunoda; those after 1600, by Professor Borton.
Admission only with permission of the instructor.

講義概要
（上段が1935-36、下段が1940-41）

Officers of Instruction

L. CARRINGTON GOODRICH, Ph.D.
Associate Professor of Chinese

HAROLD GOULD HENDERSON, A.M.
Lecturer in Japanese

CYRUS H. PEAKE, Ph.D.
Lecturer in Chinese

GEORGE ROWLEY, M.F.A.
Visiting Lecturer in Chinese Art
(Associate Professor of Art and Archeology in Princeton University)

GEORGE BAILEY SANSOM, C.M.G.
Visiting Professor of Japanese Studies
(Commercial Counsellor, British Embassy, Tokyo)

RYUSAKU TSUNODA
Lecturer in History and Curator of the Japanese Collection

CHI-CHEN WANG, A.B.
Lecturer in Chinese Language

教員スタッフ(1935-36)
（角田とともに、グッドリッチ、ヘンダーソン、サンソムらの名前が見える）

なお、三五年のサマー・セミナーでも「極東部門」のなかで角田の開講があったが、「講義要綱」には記載されていない。

三五〜三六年度は、ジョージ・サンソムを迎えて、一挙に八科目が開講された。「日本語」四科目（そのうち二科目は実際には「日本美術」）はヘンダーソンが担当し、「歴史」はサンソムと角田が二科目ずつ担当した。角田は「日本文明史におけるいくつかのトピック」と「日本史の諸問題」というテーマで、いずれも少人数のゼミ的な授業が想定されていた。三六〜三七年度、三七〜三八年度も同一である。「日本史の諸問題」は歴史学部の大学院科目としても設定されており、まだ日本研究・教育体制がスタートして数年ながら、日本研究を志す大学院生があらわれてきたことに対応したものである。

このころ「日本語や日本美術、日本史の講座の履修者が増えているのは、この分野に新たな関心が集まっていることの証左」（ヒュー・ボートン『戦後日本の設計者』）という認識が、コロンビア大学関係者のなかに高まっていた。三五年に発足したE・グリーンを委員長とする「コロンビア大学日本研究委員会」では日本研究プログラムを発展させるための活動を強め、学内予算の増額（これによりヘンダーソン、ボートン、角田の三七年度から三年間の雇用契約が可能となった）やロックフェラー財団の補助金も獲得した。三七年秋、「コロンビア大学は極東研究の指導的立場に立つ」ことをめざしたE・グリーンによる「日本研究学科を含むかたちで中国研究学科の拡張」（以上、『戦後日本の設計者』）という提唱をうけて、三八〜三九年度から「中国・日本学部」が創設されることになった。三八年四月二三日の『日米時報』は「極東が諸《あら》ゆる意味に於て世界に於て重要な位置を占むることになった」ので、「独立する日本及び支那部を設けることに決定」したと報じた。日本部門では、美術・宗教・歴史・経済発展の授業が拡張される予定という（『ニューヨーク・タイムズ』三八年九月四日）。

三八〜三九年度から「中国学科」と「日本研究施設」が統合拡充されて、「中国・日本学部」が創設された。「これにより一九三九年から日本研究学科でも博士号を取得できるようになった」（『戦後日本の設計者』）。日本関係は「日本語」三科目、「美術」二科目、「歴史」三科目で、角田は「上級日本語」（ヘンダーソン、ボートンとともに）、「日本宗教史」と「日本史の諸問題」（古代・中世は角田が、一六〇〇年以降はボートン）を担当した。古代から現在までの宗教史で、文学や美術と関連して論じられることになっていた。この体制はその後もつづき、四〇〜四一年度からは新たに「日本思想史」と「日本書誌学」（ボートンらとともに）が加わった。前者では中国や仏教の影響下にあった古代から、「軍国的国家主義下の現在」までの思想史の概説が、西欧思想の影響に留意しながら、講じられることになっていた。

このあと、四六〜四七年度まで、角田は毎年四、五科目を開講している。四三〜四四年度からは最上級の「日本語読解」と「極東歴史研究」が、四五〜四六年度からは「日本史および日本文明史」が、新たに開講されている。これら以外にも、大学院に戻ったD・キーンらの求めに応じて毎日二時間以上の「日本古典文学」の授業もおこなうこともあった。『源氏物語』の須磨、明石の巻、『つれづれ草』、『枕草子』、謡曲の『松風』や『卒塔婆小町』、『好色五人女』、『奥の細道』等々を三カ学期で読み終えた」（キーン「ニューヨークの一人の日本人」）という。一九四六〜四七年度、「コロンビアで日本文化関係の授業をほとんど一手に引き受けていたのは、角田柳作という、まことに非凡な先生だった。角田先生は、アメリカにおける日本研究の開拓者の一人である」(『私のニッポン日記』)と回想するのは、E・G・サイデンステッカーである。

四七〜四八年度からは「日本語」担当をはずれ(白戸一郎が日本語講師となる)、「日本思想の歴史」と「東アジア史研究」の二科目となった。四八年の「日本文庫」主事の退職後は、「特別講師」の資格で「日本思想史」を担当、翌年度から五二〜五三年度まで「日本の宗教・思想史」を担当した。後述するように、この年度末で角田は公式に退職した(五四〜五五年度で「日本の宗教・思想史」を開講した可能性がある)。しばらくして、D・キーンが日本で研究するため留守になった六一〜六二年度には「学生たちの希望に従って」(D・キーン「ニューヨークの一人の日本人」)「古典文学読解」と「明治文学」の二科目を講じている。実に八四歳だった。なお、"RYUSAKU TSUNODA SENSEI"の「経歴」によれば、六三年にも「日本詩歌の史的概観」という科目を担当したとあるが、「講義要綱」上では確認できない。

これら以外に世界の宗教事情をテーマとする「宗教」という総合科目では、角田も一九四四年から一〇年間、「日本における仏教および神道」を分担している(この授業では鈴木大拙らの特別講義もおこなわれている)。

このように角田は、六〇歳代、七〇歳代の高齢ながら、専任教員並みの授業科目を担当した。角田自身は、「史学部や中国、日本学部では、日本宗教と日本思想史とを初めは交代に教えて、終いには宗教と思想史を一つにした講義を続けて十数年もっていたわけです。自然、文化というようなことについても、四、五年もやると自分の考えが曲りなりにもできるものですね。……始終歴史をもって宗教を説き、宗教をもって歴史を説くと言った傾きが出きているのを自分で気がつくんです」（前掲「角田柳作氏にアメリカを聴く」）と語っている。まだ日本研究の教育体制が整わない段階では「日本語」なども担当したが、スタッフの充実した三〇年代後半からは宗教や思想史の講義に専念できるようになった。

一九三八年の日本での講演「米国に於ける日本研究」で、角田は、「私共の学校からでも既に他の学校に行つて、日本歴史の講師をして居る者が二人出て居る。ドクトル・オブ・フイロソフイーのキヤンデートになつて居る者が五人居る。色々な著述業に従事して居る者が三人居る。全体で取扱つた生徒は過去七八年間に百五名と覚えて居ります」と述べている。一科目に数人程度としても確実に日本を学ぼうとする学生が存在し、研究者も輩出しはじめていた。この講演のなかでも、中高生向けの最初の通史である『日本歴史外観』（一九三八年）を著したM・M・デルツ（彼女は自著を両親とともに角田に献じている）、上海で戦死したロバート・ライシャワー（エドウィン・ライシャワーの兄）、コーヴェル夫人（雪舟研究、一九三五年には日本の外務省の国際文化事業による資金補助を受けている）らについて語っている。D・キーンも、自身が学ぶ以前のこととして、「学生の数は少なかったが、優秀な素質のものもあった。人類学者のエンブリーや歴史家のノーマンや美術学のソーパーはその数に入っていた」（「ニューヨークの一人の日本人」）と記している。

ニューヨークに太平洋問題調査会国際事務局の研究員として滞在中だったE・H・ノーマン

は、一九三八年九月からの角田の授業（「日本史の諸問題」か）に出席し、指導を受けていた。『日本における近代国家の成立』の「序」に、ノーマンは「コロンビア大学の角田柳作氏とヒュー・ボートン博士がおりおり与えられた多くの訂正と貴重な論及に負うところが多い」（『ハーバート・ノーマン全集』第一巻所収）と謝辞を記している。中国なども回って日本から戻ったばかりの角田とノーマンはどのような会話を交わしたのであろうか。

日本文化学会の設立の構想のなかに「招請に応じて弘く日本文化の説明にあたる」とあったことを実践するように、学外の非常勤講師や各種の講演の求めにも角田は応じている。三二年の夏には、ハーバード大学で日本に関心をもつ全米中の教師に向けて歴史、宗教、美術などの集中講座がもたれ、日米文化学会から派遣されたかたちで角田は「歴史的、文化的な問題」について講義をおこなった（前掲日本研究会の「覚書」）。この講義にふれて、角田はのちに「一九三二年の初夏、ハアバアドでの講義の準備に、コロムビアの図書館の四階に籠って夜一時、二時頃まで書き事をしたことがある」（「QUO VADIS」『新報』四〇年七月二〇日）と語っている。この講座に一〇〇人以上の受講希望者（そのうち四〇人が受講）があったことは、日本文化学会の創設やコロンビア大学における「日本研究施設」の発足を最先端に、全米的に日本への関心が高まりつつあったことをしめそう。

『SENSEI』「経歴」によれば、一九四六年から五一年まで、ミシガン大学客員教授となっている。ミシガン大学の記録によれば、四七年には一一月一〇日から一四日にかけて「文化史」の集中講義をおこなっている。そこでは、古代日本の主権概念の発展、中世日本の愛の宗教の出現、後期徳川時代の多面的観察が予定されていた。また、五一年四月には、ミシガン大学東洋問題研究所の招きで講演をしている（『北米新報』五一年三月九日）。やはり「経歴」によれば、六二年から六三年までハワイ大学東西文化交流センターで研究員となっている。

『紐育新報』掲載の記事のため、在留日本人に向けたものに限られるが、いくつか講演を見出すことができ、角田の関心の所在がうかがえる。標題だけを掲げれば、三三年一一月二三日には紐育日本人教会で「変り往く日本」を、三四年二月一〇日には北米日本人基督教学生同盟で「日本及び西洋の一般的生活の比較」を、三五年には二月に紐育日本人美術協会で「異国情緒と回顧主義」を、三月には紐育日本人婦人会で「日本能楽の歴史と其由来」を、四月にも同会で「生花と茶の湯の歴史」といった具合である。

「先生」の授業ぶり

角田のこれらの授業ぶりについては、やはりD・キーンがもっともよく伝えている。初めて「日本思想史」を受講した場面について、「一人の学生のためちゃんと講義を準備して教壇に立って、むずかしい仏教学などを説明するのは面倒なことであったに違いないが、さすがに角田先生は骨身を惜しまず、黒板を漢文の引用などで真っ白くして、教室のテーブルの上に無数の書籍を並べ、日本学の広さと深さについて私を啓蒙させた」（「ニューヨークの一人の日本人」）と回想する。五三年五月、正式に教職を退任するにあたり、『ニューヨーク・タイムズ』などが大きく報じる記事中の写真の角田の背景の黒板に漢文が見えるように、それはいつも授業の始まる前に書かれていた。テーブル上の「無数の書籍」は、授業の参考文献であり、学生の質問に即座に答えるためであった。

この最初の講義の印象が「忘れがたい」として、キーンは「日本文化の黎明期においての太陽と山と水との重要性についてのもので、先生は豊富な例を挙げて、現在までも残っている日本人の心理的特徴を分析した。講義は実証的であっても詩的な調子で学生たちの想像を捉えた」(「ニューヨークの一人の日本人」)という。博覧強記であるだけでなく感性豊かな角田は、整序された講義ノートは作らず、いつもメモ用紙一枚だけで講義に臨み、毎年その内容は少しずつかわっていったようである。さらにキーンは次のようにも語る(「恩師　角田柳作先生」『早稲田学報』一九九四年四月)。

角田先生の講義は週に二回、午後四時から五時でしたが、実際には二、三時間続きますので、五時からの別の授業のある学生はいったんそれを聴きに行き、また角田先生の講義にもどってくるのです。同じ講義を二度も三度も聴いた学生もいるほど、講義は魅力的でした。角田先生は書いてある講義の原稿を朗読するのではなく、いつも考えて想像力で話されました。

角田先生はアメリカの歴史や文化には関心がありましたが、アメリカの文学や芸術には関心がなかったようです。講義では、日本文学、仏教も教えましたが、近世思想史、徳川思想史を中心として、朱子学派、陽明学派といった学派というよりも個々の独立した思想家、例えば富永仲基、三浦梅園、本多利明などを取り上げ、情熱をもって講義されました。

角田先生にとっては教えることが職業、ものを書くのではなく、学生に知識をもって直接伝えるところに教師としての幸せを感じておられたと思います。

サイデンステッカーも、「物静かだけれども熱のこもった授業ぶりで、おのずから傾聴せざるをえない力があったし、ことに、美しいもの、敬虔なるものにたいする感覚を学生に伝える才能にすぐれていた」（『私のニッポン日記』）と回想する。日本の歴史・思想・宗教・文学などを「詩的な調子」で、しかも物静かながら情熱的に時間も忘れて語る角田の姿は、「先生」という尊称・愛称にふさわしいものであった。一九三五年に初めてジョージ・サンソムがニューヨークに着いたとき、出迎えてくれた角田について、キャサリン夫人は「その学識と魅力で有名だった」（"SIR GEORGE SANSOM AND JAPAN"）と語る。そして、サンソムは『西洋世界と日本』（一九五〇年）を著したとき、「謝辞」の冒頭で「私はコロンビア大学の友人や同僚諸氏に特別の謝意を表したい。中でも角田柳作教授は、知恵と教養に満ち、生徒に気前よく、しかもしとやかにこれを頒つ教師で、私は自分がその生徒のひとりであることを幸せに思っている」と記す。

コロンビア大学が、五三年六月の教職からの退任を前に、学長をはじめとする一五〇人におよぶ関係者でレセプションを開いたこと、六二年に「名誉文学博士号」を授与したことは、「先生」の学恩への謝意にほかならなかった。

「日本研究」でめざしたもの

角田が教壇に立って、あるいは「日本文庫」の閲覧の指導をとおしてめざしたものは何であったろうか。これを明確に語ったものはないが、一般的には、すでに「日本文化学会」創設そのもののなかに示されていたように、「文化的負債」の償却による日本への理解の促進、「東西古今文化集大成」、そして「外国人は却て日本人よりも、日本の文化を精到に諒解することが出来る」という観点からする日本の文化への理解の深化が、実践されたといってよいだろう。そして、実際に学生と接し、とくに研究を志すものの指導をとおして、次第に第三の方向を志向し、期待していったように思われる。三八年五月の講演「米国に於ける日本研究」で、「米国人の手で日本の歴史を研究して行くと、日本人が日本に於て日本歴史を研究するのとは余程違つたものを生み出」す、と述べて、米国女性の眼からみた日本通史、「マーチヤント」の側面を雪舟に見る研究、「海国の日本文化に及ぼせる影響」という地方史の観点にたつ研究などをあげて、それらの斬新さに注目する。これらが蓄積されていくなかで、「米国に於ける日本研究は何時かは日本で書かれる日本歴史とは違ったものを生み出すであらう」と予言し、「本国で書いたものと外国で書いたものが、相映発して、本国の歴史の研究の上に新しい形を現はす」ことに期待を寄せていくのである。この講演後まもなく、前述のハーバート・ノーマンの研究に助言と協力を与えることになり、『日本における近代国家の成立』の草稿をいち早く通読することになったと思われるが、ノーマンの「明治維新ののちに中央集権的・絶対主義的国家が急速につくり出され、国家の保護統制を条件とする工業的経済が発達した過程を解明する」（「序論」）という目論みに、研究の「新しい形」の発展を確信した、と推測することは的外れとはいえまい。

一九五七年、"A History of the Faculty of Philosophy" に「中国・日本学部」部門を執筆した中国研究者のK・グッドリッジは、コロンビア大学の日本研究の発端は、E・グリーン教授のリーダー・シップと角田の「日本文庫」にあったとしている。さらに、日本研究の立役者として、ヒュー・ボートン、ジョージ・サンソムについで角田の名を第三番目にあげている。そこで第一に名前をあげられているヒュー・ボートンは、角田によるコロンビア大学における「日本研究の基礎作りの功績がいかに甚大なものであるか」（『戦後日本の設計者』）と論じる。そこでいう「日本研究の基礎作り」とは、「日本文庫」の創設と拡充にとどまらず、さまざまな講義を通じての学生・研究者への研究指導という教育面の役割を指している。T・ドバリーも『朱子学と自由の伝統』の「日本語版への序文」の結びで、角田を「第一に学恩に謝すべき人物」とし、「何年も昔のことになるが、私に日本の中国研究の重要性に注目することを教え、内藤虎次郎や武内善雄の著作を初めて紹介してくれたのがこの人であった」と記している。

前田多門は、「日本文化会館」の館長となってまもなく、「米国に於ける日本文化の地位」を観察するなかで、「日本人の学者で、米国に於ける日本学に対して、多年大きな貢献をなし来つた大家」として、エール大学の朝河貫一とスタンフォード大学の市橋倭《やまと》についで角田をあげ、「教授の肩書こそ無けれ、その得意とする日本文化史、仏教の解説に於ける実力に於てはまさに正教授を凌ぐものがある」と評している（『図書』一九四〇年九月）。また、「米国における日本研究の歴史」を概観したマリウス・ジャンセンは、角田を「日本研究に関する日本からの使節のなかで、たぶんもっとも成功を収めた人物」と評し、「そういった使節たちのなかでは、第二次世界大戦後の日本研究の開花期を見届け、それに実際に力を貸した唯一の人物」と位置づけている（国際交流基金『米国における日本研究』、一九八九年）。

角田はコロンビア大学の「日本研究」の個性的な学風の形成にも大きな影響をおよぼした。D・キーンは「コロンビア大学の『日本学』は完全に先生の影響を受けたもので、文献尊重というヨーロッパ風の学問と違って想像力をも重視する人文学である。そして日本学を中国学の付属物として扱っている大学と違って、日本の独特の文化の重要性を十分認める学問である」（「ニューヨークの一人の日本人」）と指摘する。それはジョージ・サンソムとの関わりからもいえる。彼についてなされた、その「業績をいかにも西欧の研究者のそれらしいユニークなものたらしめているのは、比較史学的な鋭い視点の導入であり、広いパースペクティブの中で日本史の位置づけをこころみている点であろう」（細谷千博「ジョージ・サンソムと敗戦日本」『中央公論』一九七五年九月)、あるいは「西洋世界の衝撃の下における近代日本の変貌をその全面にわたって考察してゆく」(芳賀徹「サンソム卿の歴史既述」〔サンソム『西欧世界と日本』中「解説」〕)という評価に依拠すると、サンソムと角田の間には人間的な交友とともに、「日本研究」への向き合い方において、共有・共感するもののあったことが推定しうる。グッドリッジがいうように、コロンビア大学の草創期の「日本研究」はこうした資質と研究眼をもつ二人によって、領導され、方向づけられたといってよいだろう。

仏教思想史への関心

再びD・キーンによれば、「先生は非常な謙遜家であって、弟子や同僚の研究が発行されたら大変喜んでほめ上げるが、自分のいろいろな研究を発表する意志はあまりないようである」(「ニューヨークの一人の日本人」)。確かに『RYUSAKU TSUNODA SENSEI』の「書誌」には、Columbia University Quarterly に掲載の二本の論文("The Gift from the Imperial Household of Japan, in the Japanese Collection, Columbia University"〔1933〕, "Two Tales of Historic Japan"〔1935〕)と一冊の翻訳書(" Japan in the Chinese Dynasties, Later Han through Ming Dynasties"〔1951〕)、一冊の編著("Sources of the Japanese Tradition"〔『日本の伝統の源泉』1958〕)があげられているだけである。

新たな調査により、角田が発表した論文として、次のようなものが見出された。

"A Biographical Approach to Shintoism" ABOUT JAPAN（日米協会発行）,1933.11
"Influence of Buddhism on Japanese Culture" Calcutta Review, 1952.11
"Reflections on Buddhism and Its Problems" The Review of Religion, 1957.3

日本語として発表されたものとしては、二編ある。

「仏教とアメリカ」『仏教と文化』（鈴木大拙博士頌寿記念論文集）、一九六〇年
「フランシス・パアクマン」（遺稿）『アメリカ研究』3、一九六九年

これらのほかに、一九三六年の創刊から五六年まで編集委員として関わった"The Review of Religion"（『宗教評論』コロンビア大学出版部刊）に、明烏敏や鈴木大拙らの著書の書評五編を載せている。また、評論・エッセイとして、戦前は『紐育新報』に、戦後は『北米新報』に合わせて五〇編以上を寄稿しており、それらは日本の文化・宗教への造詣の深さと鋭い洞察とともに、時評的な内容も含んでいる（次章以降で論じる）。

角田の日本研究は、これらの論文著作類や講義科目などから判断して、次第に宗教思想史というものに収斂していった。一九五五年の時点で、「宗教と歴史が初めは相当開きのある違ったものであったのが、だんだんと近づいてきて、歴史の眼目は宗教であるとか宗教の現われたものが歴史であって両方離すことのできない」（「角田柳作氏にアメリカを聴く」）関係と捉えるように

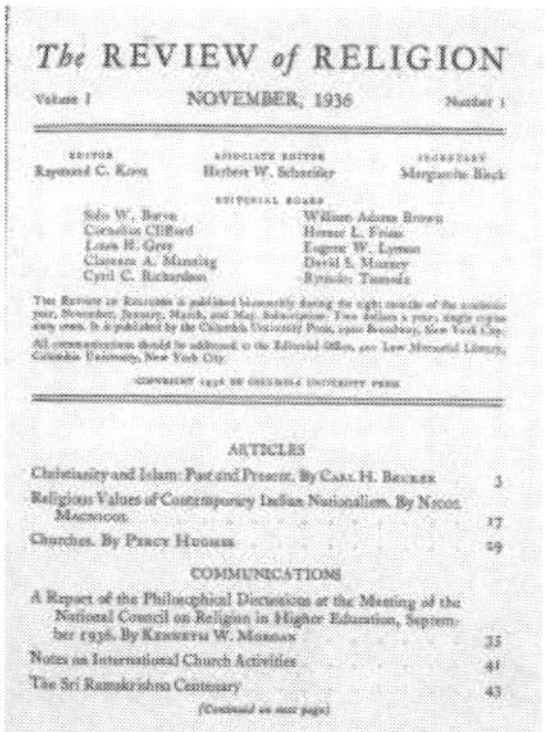
The REVIEW of RELIGION

Volume I NOVEMBER, 1936 Number 1

ARTICLES

Christianity and Islam: Past and Present. By Carl H. Becker 3
Religious Values of Contemporary Indian Nationalism. By Nicol Macnicol 17
Churches. By Percy Hughes 29

COMMUNICATIONS

A Report of the Philosophical Discussions at the Meeting of the National Council on Religion in Higher Education, September 1936. By Kenneth W. Morgan 35
Notes on International Church Activities 41
The Sri Ramakrishna Centenary 43
(Continued on next page)

"The Review of Religion"
創刊号(1936年)表紙

なったと語るのは、角田の関心の所在を示していて示唆的である。

『日本の伝統の源泉』

これまでみたような二〇年以上におよぶ授業ぶり、コロンビア大学の「日本研究」形成への関与、自らの仏教思想史研究という角田の「先生」たる精髄が凝縮したのが、一九五八年五月に刊行された角田とT・ドバリー、D・キーンの編著"Sources of the Japanese Tradition"(『日本の伝統の源泉』)である。「序文」を執筆したドバリーによればこの本の原型は角田が用意した論考や翻訳からつくられており、キーンも全体の構想と構成は「先生の講義を基本にし」ていた(「恩師　角田柳作先生」)と証言する。本のかたちにするうえではドバリーが編集の中心となり、キーンが文学や近世の国学などの部分を担当している(ほかに、近代の部分でマリウス・ジャンセン、ハイマン・カブリンらが協力している)。この本は各時代の思想史を概観したうえで、それに関連する重要な史料を掲げ、解説するという体裁をとり、全五部三四章で構成されている。宗教を主とした古代・中世にやや比重

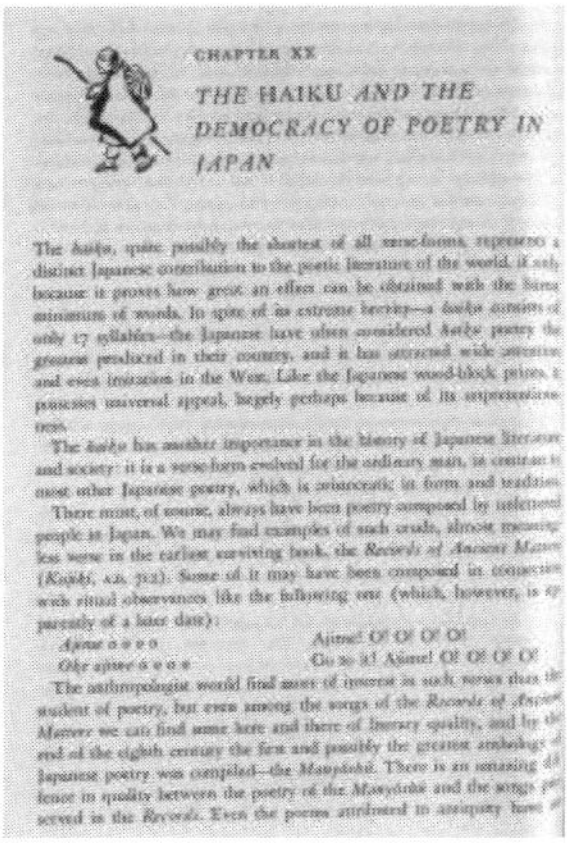
CHAPTER XX

THE HAIKU AND THE DEMOCRACY OF POETRY IN JAPAN

"Sources of the Japanese Tradition"(1958年)第20章
「俳句と日本詩歌の民主主義」

がかかっていることや、第五部（第二九章以下）が「日本と西洋」と題されていることも、角田の講義が骨格となっていることをうかがわせる。第一版の表紙には、第二三章で取りあげる二宮尊徳の歌の一部が角田自身の書で刻印されている。

この本がコロンビア大学出版部から出版された当日に大学が準備した広報用の文書は、「コロンビア・カレッジの学部生向けの東洋学課程の過去一〇年間の成果の最初の書物」と説明する。一九四九年からコロンビア・カレッジの東洋学課程では、「東洋文明」と「東洋の人文科学」という二つの入門講座が用意され、それらでは中国・インド・日本の問題があつかわれていた。"INTRODUCTION TO ORIENTAL CIVILIZATIONS" シリーズとして、『日本の伝統の源泉』についで、インド、中国の各『伝統の源泉』が刊行された（この三部作全体の編者はドバリー）。この学部生向けの東洋学課程の設置は、サンソムを初代所長とする東アジア研究所の創設とも関連した学内全体の東アジア研究の拡充の一つと思われる。

コロンビア・カレッジの「講義要綱」をみる限り、角田が「東洋文明」「東洋の人文科学」に出講した様子はない。すでに「日本文庫」主事を退任した角田は、一九四九～五〇年度からは、前述のように、「中国・日本学部」および「歴史学部」で「日本の宗教・思想史」を担当していた（五二～五三年度まで）。推測の域をでないが、一九三一～三二年度から歴史・宗教・文学などの各種の授業を担当するなかで蓄積された多数の論考や翻訳を再構成するかたちで、これら二つの入門講座に提供し、ドバリーを中心に実際の授業のなかで手直しがなされたものでなかったろうか。『日本の伝統の源泉』の章構成を一覧すると、「聖徳太子と憲法」（第三章)、「最澄と比叡山」(第六章)、「空海と密教」(第七章)、「俳句と日本詩歌の民主主義」(第二〇章)など、角田らしさが随所にうかがえるが、それは角田が最後に担当していた「日本の宗教・思想史」ともつながるものがある。「講義要綱」では、次のように内容が予告されている(毎年度同じ)。

中国や仏教の影響下にあった古代から現在までの日本の宗教と思想についての研究。とくに西洋の影響について留意する。古代日本における陰陽道、大乗仏教、密教、そして国家権威の概念、中世における両部神道、禅宗、浄土、日蓮主義、そして四海救済の概念、徳川時代における儒教、復古神道、そして興隆する独立思想家と彼らの国富についての概念が、近代日本における国家主義と国際主義の相互作用とともに綿密に分析される。

これは長年の講義の集大成というべきものであるが、主に戦前期には仏教を中心とする古代・中世の宗教が、戦後期には近世の思想家に角田の関心は向けられた。「先生は日本の思想史のあらゆる時代に関心を持ってよく研究したことがあるが、一番心を惹いたのは徳川時代の独立思想家であるらしい。終戦直後のころ、新しい民主国家的な日本を建設しようとしていた若い人たちは、古い伝統を封建的なものと定めて、一掃することの必要を唱えていたが、民主主義を深く信ずる先生は、日本の伝統の中に現代人と繫《つな》がりがあって、将来の日本のためになるものはないかといろいろ考えて、あまり研究されていない思想家を大きく取り上げた。三浦梅園、富永仲基、本多利明等についてすばらしい講義をされ、それはまだ私の頭に残っている」（「ニューヨークの一人の日本人」）と、キーンは述べている。キーンが執筆している国学者や本多利明のほかに、中江藤樹、熊沢蕃山、山鹿素行、伊藤仁斉、海保青陵、佐藤信淵、そして二宮尊徳らの多彩な「独立思想家」が取りあげられている。

キーンの指摘する民主主義への信奉は『日本の伝統の源泉』にもはっきりと刻み込まれている。近代のところでは「戦前自由主義の高潮」（第二六章）で吉野作造や美濃部達吉が取りあげられたりしているものの、第五部全体はマリウス・ジャンセンらに負うところが大きいので、角田の意図が直接的にあらわれているとみて間違いないのは、第二〇章の「俳句と日本詩歌の民主主義」であろう。ここでは『古事記』『万葉集』から近世の俳句までの日本詩歌の流れが概観されるうえで、これらを一般の民衆がつくったものという視点が貫かれている。それは松尾芭蕉について大きく取りあげたのち、小林一茶により「詩歌の民主主義は普遍性を獲得した」と述べるところにもみえる。

なお、角田の「俳句と民主主義」という独特の捉え方は、この本の三〇年以上も前に胚胎している。一九二一年一二月三一日の『紐育新報』に寄せた「国史上の民主的教化」のなかで、「仏教の民主的精神を発揮したもの」として「沢庵和尚の活人剣」と「近松の世話物」とともに「芭蕉の俳句行脚」をあげ、「民主主義の背景には自然に対する深厚熱烈なる憧憬がなくてはならぬ」と論じていた（『日本の伝統の源泉』は第一九章で近松を取りあげる）。さらに、コロンビア大学の教職を正式に去る五三年六月には、「引退後の計画」の一つとして、「過去四世紀に亘る日本の短歌、俳句等を通じて『詩の民主主義』を再検討してみたい」と述べていた（「コ大を去る　角田柳作氏」『北米新報』五三年六月四日）。この「詩の民主主義」の再検討が『日本の伝統の源泉』第二〇章に結実したといえよう。

残念ながら角田は『日本の伝統の源泉』について何も語っていないが、その文化・思想・宗教の源泉をたどることは、日本の歴史上の自生的な民主主義の伝統を探ることであると同時に、「詩の国、絵の国の故郷」への渇望からでもあった。五一年一月一日の『北米新報』に載せた「日本の美の伝統について」では、「戦にまけて悩み苦しんで居る自分の国の歴史」に想いをはせつつ、「飛鳥、奈良、平安、鎌倉、室町、安土桃山時代を通じて、主として詩や絵に現れた日本人の美の感覚の発達をたどつて見ると、はるばると大きな川の流れを棹でくだる様な趣があつて、我ながらノビやかな心になれる」という。この民主主義的な伝統や「ノビやかな」美の感覚こそ、この本を通じて角田が伝えたかったものだろう。

この本は、コロンビア大学の学部生向けの東洋学課程のテキストにとどまらず、アメリカ・ヨーロッパの東洋学の入門書として意図され、実際によく活用された。一九六四年にはペーパーバック版として再刊され（二〇〇一年、ドバリーらにより改訂版が刊行された）、コロンビア大学出版部のなかで、もっともよく売れた本という（キーン「恩師　角田柳作先生」）。

なお、角田は「先生」として「教ゆる人」であったと同時に、生涯にわたって「学ぶ人間」でありつづけた。晩年、「私がここで教えはじめたとき、私も授業に出席しはじめた。この大学のすべてのアメリカ史のコースをとった。そして、英語を話す学生たちが私から学んだものよりもっと多くのことを彼らから学んだ」（『ニューヨーク・ヘラルド・トリビューン』五三年五月一七日）という。戦後には、アメリカを根底から理解するために、イギリス各地を回り、オックスフォード大学などでも講義を聴講している。こうした生涯一学究たらんとした姿勢も「先生」と慕われ、尊敬されたゆえんであろう。

V　東西文明の調和を求めて

「国民思想の消長」への関心

後年の回想によれば、東京専門学校文学科を卒業する前後から、角田柳作は「犠牲といふ字が厭にな」り、「其後不絶《たえず》、人をも自分をも犠牲にせず暮らせる世界を夢みつづけた」（「PERIPATOS」『新報』四〇年九月二一日）、という。社会から「犠牲」を強いられている弱き者・貧しき者への関心は、角田を「未解放部落」や植民地台湾に誘うこともあった（台湾渡航はハワイ渡航の前〔甲斐美和氏談〕）。そこから日本の自生的な民主主義の伝統の探求へと導かれたことを推測するのは、的外れとはいえまい。早くもハワイ時代に、仏教の「解脱、平等、慈悲の教は自由とか平等とか友愛とかいふ西洋の民主思想に比して更らに徹底的なものである。我等の祖先は民主思想に盲目ではなかったのである」（「国民思想の消長」〔一九一五年〕『書斎、学校、社会』所収）と述べていた。

一方、角田は布哇中学校の校長として「日本の精神」をもつ「真正の日本人」の養成を志した（内海孝「角田柳作のハワイ時代再論」『早稲田大学史記要』第三一巻、一九九九年七月）。その「日本の精神」には「自治自労、勤労分度の精神」「義理人情の精神」などとともに「祖先教たる神道に顕はれ居る忠孝の精神」（『日布時事』一九一〇年八月一七日）が含まれていた。そうした角田にあって、「希《ねが》くば内外多事多難の間に生ひ立ちし『明治の御宇《ぎょう》』の巨人となりしが如く、我が大正の御代を巨人たらしめよ。これ忠孝なる臣民の衷心の本願である」（「国民思想の消長」）と記すのは、自然なことであった。

そして、角田自身のなかにも不可分のものとしてある民主主義的志向と「忠孝の精神」は、「国民思想の消長」において「日本帝国の臣民は、一面に於て独立自由平等の民主思想を充分にアプリシエトすると同時に、この偉大なる統一と犠牲の精神を忘れてはならぬ」と論じるように、両立されるべきものと考えられている。同時に、これらは「東洋の君主的象徴主義」および「西洋の民主主義的現実主義」と捉え直され、両者の「消長」こそ「二十世紀の中心問題」と捉えられていた。そのうえで角田は「長い時間と奮闘」の末の「両者のマルガメーション」、つまり融合・調和を予測する（以上、「国民思想の消長」）。

ハワイ時代を通じ、海をへだてて、角田は日本およびアメリカの「国民思想」を観察しつづけ、ともに第一次世界大戦下の「変調」の兆しを読みとった。日本の場合には「国家至上主義、忠君愛国主義」を「頑迷固陋の僻説」とみなす思潮が生まれつつあるとして、日本のアメリカ化＝「民主主義」の方向への変化を認める。逆にアメリカの場合にはルーズベルトやウィルソン大統領の言動のなかに出現した「国家至上主義」の勃興＝アメリカの日本化に注目する（以上、「米国国民思想の変調」『書斎、学校、社会』所収）。両国の「変調」により、「東洋の君主的象徴主義」と「西洋の民主主義的現実主義」は、融合・調和に向けて接近しはじめた、と捉えられた。

デモクラシーへの傾斜

ニューヨーク時代の角田は、自らもこの「東洋の君主的象徴主義」と「西洋の民主主義的現実主義」の融合・調和を追い求めていった。日本文化学会の創設そのものが「東西文明の渾融」を目的の一つとしていた。『紐育新報』一九二一年一二月三一日付の「国史上の民主的教化」の冒頭で「断る迄もなく、私はピユーアアンドシンプルの民主主義者ではない」とするのは、西洋型の民主主義者ではないという意味である。そのうえで、「真の文化は求心的貴族的の傾向と遠心的民主的傾向とが、天衣無縫の調和をなす辺にあると信じて居る」と論じ、「遠心的民主的傾向」を代表するものとして仏教の「民主的影響」、たとえば近世においては前述のような俳句や近松の世話物などにみえる「民主的傾向」を抽出していく（そもそもこの文章は、「先年来」従事している英文の著作『民主的影響としての日本仏教』の要旨の摘録として発表された。ただし、その著作自体は公刊されなかった）。この文章の最後が「我同胞の中にも吾が祖先が過去に於て種々の方面から民主化せられ来つた事実を知らずに居るものが尠なくないではないか」と結ばれるのは、日本においては、「求心的貴族的の傾向」、言いかえれば「忠孝の精神」に支えられた「国家至上主義」を相対化することがまず必要と考えているからである。

『紐育新報』一九二〇年一月一日付の「二個《ママ》国語本位教育論」の冒頭で「所謂戦後経営＝リコンストラクションの諸問題の中で、最も根本的なる改造問題は、人心の維新、刷新といふ事であるに相違ない」と述べる点に明らかなように、角田は大正デモクラシーの潮流に棹さしている。「犠牲」となることも、「犠牲」を強いることも忌避する青年期以来の心情に加え、日本の「国民思想の消長」への観測が、広く文化の面における「改造」問題への独創的な発言を促した。

拙速な「制度の改造創設」偏重をきびしく批判し、「人心の維新、刷新」こそ「最も根本的なる改造問題」とする角田は、第一次大戦後の国際連盟の試みに大きな期待を寄せ、その基礎を確実にするためとして、教育の場における「インターナショナル・マインドの養成」を提言する。国連創設を提唱したアメリカでも、その精神に逆行する「国民的国家的、米国至上主義的」な教育改革が進められつつあると角田は批判して、この「国民的国家的範疇」を超越するために、小学校教育における「二個国語本位の教育」を有効とし、その必要性を説くのである。それは角田自身の移民研究の経験からも導かれていた。ハワイやアメリカ西海岸の日本人移民の家庭で広くおこなわれている「二個国語本位の教育」のなかには「文化進展の新らしい契機」が胚胎しているとして、さらに次のようなユニークな論が展開される。

混血児といつて貶《けな》して居ても、世界の民族は皆混血児である。さうして新らしい混血児の出現と共に、新らしい文化は出来る。私共は混血児を忌嫌ふ理由がないと同じ様に、混血児文化を忌嫌してはならない。否、其処に黎明の光が微《かす》かに動いて居るのである。この微かな光は、後に新らしい世界を照被する光である。……私は移民生活を研究して思ふ。今でこそ本国人から軽蔑されて居るこの中間人種が、行く行くは新らしい世界の中心となるものではないかと。然かし、移民生活に即応して顕はれて来た二国語本位の教育を、それぞれ本国に実行することになれば兎角偏狭なる国家主義に傾かんとする本国の国民心理も、余程国際的に改造せらるるに相違ない。これが新時代の出発点である。新時代とは国際主義の時代といふ意味である。

国民心理の国際的な改造＝「インターナショナル・マインドの養成」を求める角田の論は、直接的にはアメリカ在住・在留の日本人に向けられてはいるが、同時に「偏狭なる国家主義」に傾きがちな「本国」日本への痛烈な批判と提言でもあった。二つの相違する文化が「混血」する事態を、角田は積極的に「文化進展の新らしい契機」「新らしい世界の中心」になると捉えようとする。数年後に具体化する日本文化学会の構想も、こうした考え方の一つの結実であった。

ついで「国史上の民主的教化」では、「求心的貴族的」と見なされがちな日本の文化・社会のなかに「遠心的民主的」な側面もあることを、仏教を通じて論証しようとする。「吾が祖先が過去に於て種々の方面から民主化せられ来つた事実」の発掘は、日本の自生的な民主主義の伝統への着目であり、日本のデモクラシー機運の高まりへのエールであった。

『紐育新報』一三年一二月一九日付の「人間平等性の行進曲　復興日本の新教育」は、関東大震災後の復興に向けた提言で、再び教育理念を取りあげる。そこでは、先の「偏狭なる国家主義」批判を一歩進めて、「特殊差別を力説した明治大正の教育は正に一転して、一致平等を高調する教育となるべき」と論じる。日本に限らず「自国特別主義」によっては、「世界の真の平和、人類の真の協同と云ふことは望んで得られぬ」と言い切るのは、「二個国語本位教育論」以来の「新時代とは国際主義」という確固たる信念が貫かれているからである。それゆえ、「人間平等性の行進曲」は「復興日本の新教育」の理念となるだけにとどまらず、「固より日本と米国、西洋と東洋、地理を異にし歴史を異にし、習慣風俗宗教道徳を異にして居るものに、其国民性に於て差別の歴然たるものあるは無論であるが、此の外面上の差別の根底に人間の平等性、同一性の金剛不壊なるものあるを認得して、其処に行進曲の基調を置かなくてはならぬものと思ふ」と述べるように、あらゆる国家間・民族間・文化間においても基調となるべきものとされていく。

「人間平等性」についての確信は、角田に深く根づいていたといってよい。すこし後になるが、老子に触れた文章のなかで、「老子に対する態度にも、民謡に対する態度にも大した相違

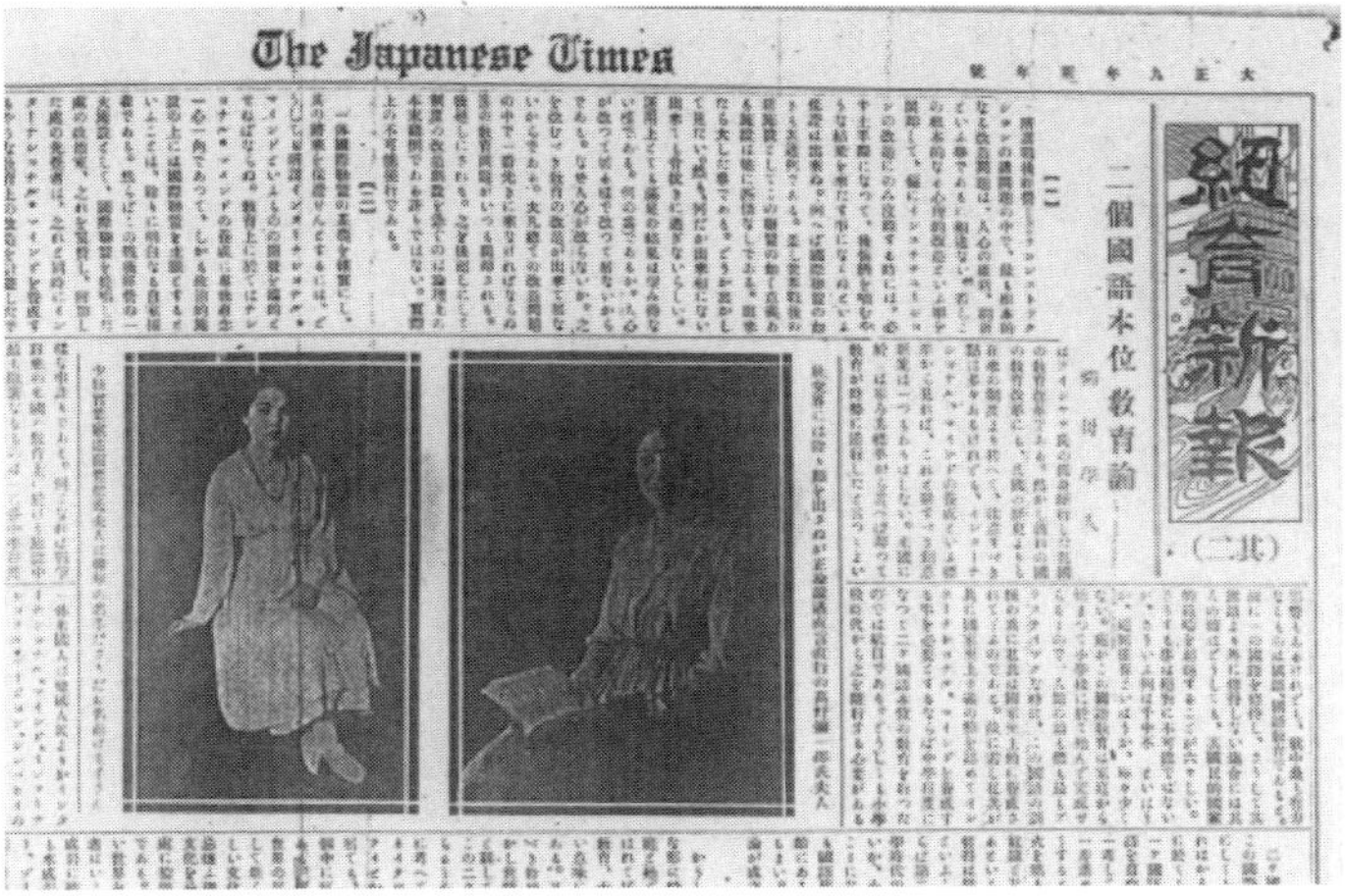
The Japanese Times

紐育新報

二個國語本位教育論

柳母學人

「二個国語本位教育論」(『紐育新報』1920.1.1)
(「柳母学人」の号をよく用いた)

The Japanese Times

人間平等性の行進曲

復興日本の新教育

柳母學人

「人間平等性の行進曲　復興日本の新教育」(『紐育新報』1923.12.29)

はない。名あるが故に特に老子を特別扱にしないことは、名なきが故に民謡を粗末《そまつ》にしないことと同じことである」(「市川一葦氏に」『新報』三一年八月二二日)と論じることもあった。「俳句の民主主義」などへの関心もここにつながっている。

「インターナショナル・マインドの養成」や「人間平等性、同一性」を説く角田は、明らかに「明治大正」のあり様に批判を強め、真の国際性をもった「新時代」の到来を待ち望んでいる。それは、制度の改変ではなく、「人心の維新、刷新」によってもたらされるべきものである。大正デモクラシーの諸思潮のなかにこうした角田の論をおくと、他に類例は見いだせず、その独創性は際立っている。

合わせて留意しておかねばならないことは、この「インターナショナル・マインドの養成」や「人間平等性、同一性」の提唱は、日本の現状への批判であるとともに、アメリカの現状への批判でもあったことである。移民について研究し、排日問題が高まるなかで、角田はアメリカにも「自国特別主義」が厳然として存在することを十分に認識している。二六年二月、ある女学校で平和問題の講演をおこなった際、「平和を確保するの道は国際会議の開催、条約の締結に依ること並に国際道徳の変化進展に待つことであつて、此両者は共に隔離し得ざる要素であるが、米人は果して此国際道徳の変化に向つて進むの意志ありや否や」(『新報』二六年三月三日)と、痛烈に批判している。

「日本文化」論

「全生涯必至の結論」となる日本文化学会創設の構想が固まることとおそらく関わって、まとまった「日本文化」論が形をなしていく。『紐育新報』二六年七月一〇日と一七日付に掲載された「日本文化の六大特色」である。そこでは「日本文化発達の時期」を、「上古、奈良朝、平安朝、武家時代、徳川時代、明治時代」の六つに分け、それぞれの時代の特色を「ヘリオトロビズム」（太陽崇拝）、「人天一如」、「美善一如」、「死生一如」、「和戦一如」、「内外一如」と位置づける。「ヘリオトロビズム」は儒教・仏教伝来以前の、日本の民族性をもっとも底で規定するものとして、「人天一如」は「草木禽獣皆形を異《たが》へた同族」という人と自然の一体感をあらわすものとして捉えられ、『源氏物語』に代表される「王朝文化の基調」であった

紐育新報満十五年紀念號

日本文化の六大特色（二）

日米貿易の回顧

「日本文化の六大特色」『紐育新報』1926.7.10

「美善一如」は、その後「風流、風雅、好色道、エステシズムは如是にして日本文化の恒久的特色の一つ」になったとされる。

禅宗と浄土教のそれぞれ正反対の方向から導かれた「死生一如」は、「日本文化の一大特色たるラヴ・オヴ・シンプル・ライフ」の哲学的根拠になっているという。徳川時代の「和戦一如」についての解説もユニークである。鎖国政策をとって、「平和主義の儒教を国教」とし、武士に「仁義礼智信」や「ものの哀れ」「風流風雅」を教え、「縮少主義」を徹底的に奨励した、とする。これらを「纏足《てんそく》式圧迫の結果」と呼び、それが現代にも影響をおよぼしている「和戦一如」に、角田は一概に否定的ではない。世界的にみて、これほど長く平和の時代が続いたことはなかったからである。とはいえ、徳川時代の「縮少主義」に対して、「明治時代の膨張主義を考へることを愉快に思ふ」と述べるのは、かつて「明治大正」に対し「偏狭なる国家主義」と批判的であった捉え方とは異なっている。その「愉快」さは、次のように説明される。

明治時代に於ける我国民の偉大なりし点は、二千五百年を内観すると同時に多くの内観者が、内観のみに専念なると反対に、外に向つて、世界を外観して、外を採つて内を充たさんとしたことである。……維新匆々の際に於ては尊皇攘夷を標榜したものがない訳ではない。日清戦争、日露戦争の背後に潜める機運の中には排外的と称すべき運動もあつた。然かし明治の盛代が、真に明治盛代であつた所以は、実は内に深く、外に広く、内外を両輪として、其一に偏別せざる所にあつたことは、疑の余地なき明白な史実である。

そして、この「内外一如」観がもたらされた理由として、「ヘリオトロビズムに淵源する一如主義の文化の国民生活に及ぼせる感化」をあげる。このように日本文化の特色から「一如主義」を抽出することは、必然的に西洋文化との比較に進ませた。すでに冒頭で「西の文化は相対、東は一如、彼は弁異、我は統同をエンフアサイズした」と論じ、最後にもう一度西洋を「対抗、戦闘、征服の文化」と概括したうえで、これに対し「我楽天的一如主義の使命は那辺に在るか」と問いを投げかける。日本文化学会創設の意欲が高まり、その骨格の構想が固まりつつある段階で、日本文化についての自らの理解を再確認するために、この文章はものされたといえようか。日本文化学会創設を前に、『ニューヨーク・タイムズ』が「日本文化の進展を五つの画期とした歴史館」（二六年一二月三〇日）が中心になると報じたが、それはこの「日本文化の六大特色」という捉え方がもとになっていたはずである。

この論で注目されるもう一点は、東洋文化と西洋文化の相異が明確化される一方で、東洋文化のなかにおける日本文化の個性も明確化されることである。たとえば、自然観において、インドが「畏怖或は恐怖」、中国が「尊敬、服従」であるのに対して、日本の場合は「一様に天覆地載の間に生れ出でたる兄弟、姉妹、同族、一味である、といふアニミズム振りの感じ」というう。ただし、近代においては「印度人は内観に傾きて外観に疎、支那人は外観を重んじて内観を軽んずる」とみなして、日本人の「内外一如」の「特絶」ぶりを称賛するところは、日本の優越性に傾いていているかにみえる。この点は、一九三〇年代には顕在化するが、それでもまだ二〇年代にあっては、「歴史の実際としては日本は印度に攙して印度の深さに達せず、支那に習ふて支那の精しきを知らず、西洋に倣ふて西洋の逞しさに至らずといふ方が妥当の評」(「メイソン氏の新著　創造の日本」『新報』二八年八月二二日)と述べるように、東洋や西洋との関係のなかで日本の文化の位置を客観的にみていた。

角田は常にものごとを二元的に捉え、自己の言動もそれに従った。民主的な志向と「忠孝の精神」は並存していた。ウィリアム・ビアードの新刊書『浪漫的日本の現実主義』を高く評価するのも、それが「日本の楯の両面」をよく捉えているからである(「日本の両面観察」『新報』三〇年一二月三一日)。また、「文学研究には評価の外に観照の一面がある」として、ラフカディオ・ハーンの「観照」の卓越さを指摘する(「ヘルンの横顔」『新報』三〇年一二月三一日)。こうした二元的発想は、角田のよって立つところを確かなものとし、時に一方に偏することはあっても、もう一方がそれを相対化する方向で働いた。

「移り行く日本」の観察

角田は一九三三年一二月三〇日付の『紐育新報』に「移り行く日本」という文章を寄せた。「三度、祖国を訪れた跡を顧みて」という副題のとおり、日本文化学会の設立準備と図書・資料の蒐集のために、二七年から二八年にかけて、三〇年、そして三二年から三三年にかけて、日本を訪れており、その「前後三回の帰朝中に見た日本を記憶の中で比較して見」たものであ

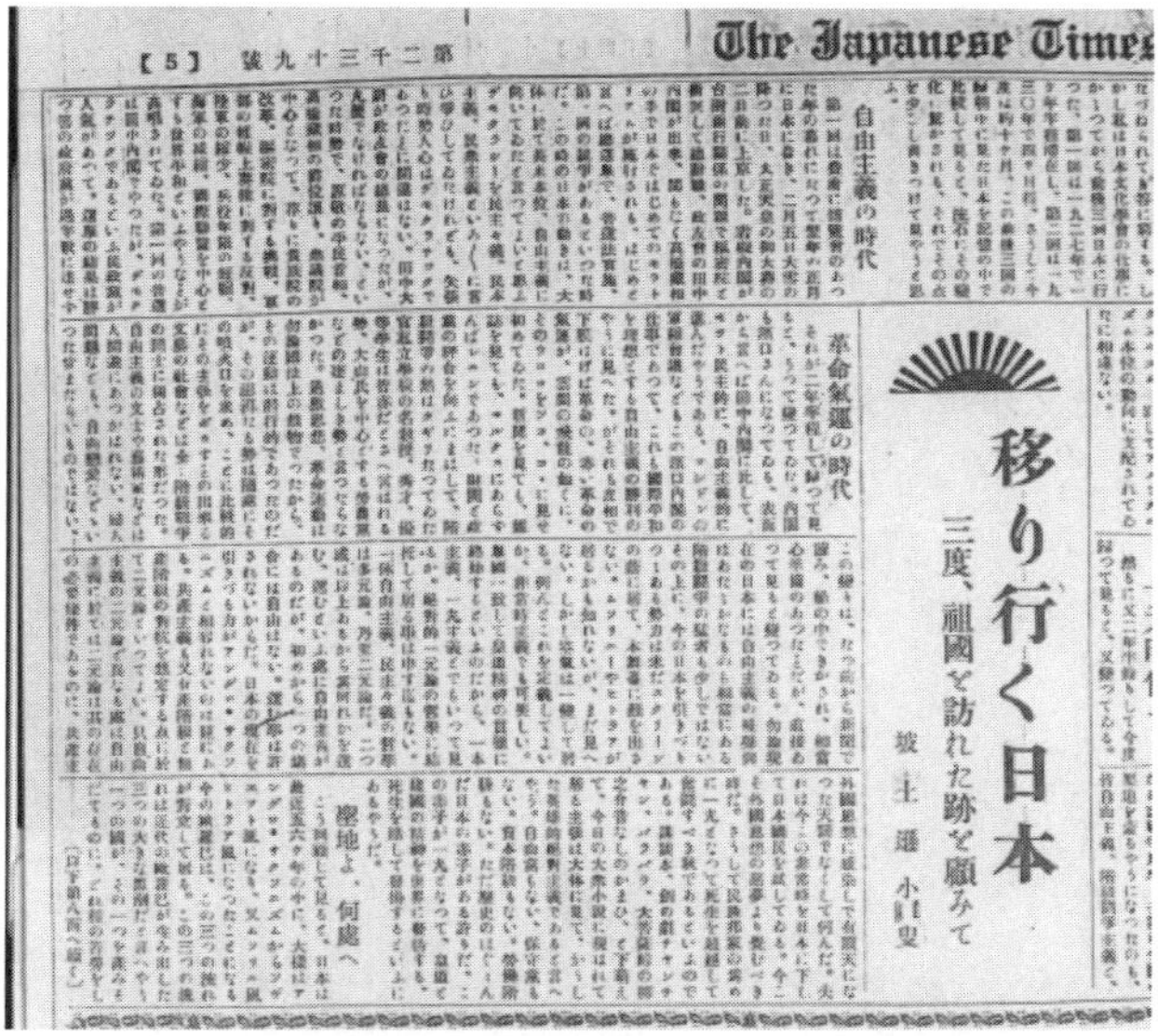
The Japanese Times

第二千三十九號　【5】

移り行く日本

三度、祖國を訪れた跡を顧みて

坡土遜小叟

自由主義の時代

革命氣運の時代

裸地よ、何處へ

「移り行く日本　三度、祖国を訪れた跡を顧みて」(『紐育新報』1933.12.30、「坡土遜小叟」の号もよく用いた)

UNITED STATES OF AMERICA Permit No. 1083897
DEPARTMENT OF LABOR
Application No. 1082622
NY

Permit to Reenter the United States

PURSUANT to provisions of section 10 of the Immigration Act of 1924, this permit is issued to bearer, RYUSAKU TSUNODA

an alien previously lawfully admitted to the United States, to reenter the United States, if otherwise admissible, as a nonquota immigrant, and its validity shall expire the 25TH day of APRIL A.D. 1937

The personal description of the bearer is: Age 59 years; height 5 feet and 3 inches; weight 115 pounds; complexion JAPANESE

hair BLACK eyes BROWN identification marks NONE

Issued at Washington, D.C., this 25TH day of APRIL A.D. 1936

Approved:

Secretary of Labor.

Commissioner.

This permit shall have no effect under the immigration laws except to show that said alien is returning from a temporary visit abroad, nor shall it be construed to be the exclusive means of establishing that the alien is so returning.

NOTE.—Any erasure or alteration shall render this permit null and void.

VISA関係資料(1937年4月、FBI資料)

る。これに先立ち、一一月二三日、角田は紐育日本人教会で「変り往《ゆ》く日本」と題して講演をおこなっている。数年間のうちに、急速に「変り往く」「移り行く」日本のあり様に、角田はよほど思うことがあったのだろう。

それぞれの滞在の時期を、角田は「自由主義の時代」、「革命機運の時代」、そして「一元時代へ」と捉える。最初の訪問時は、「大体に於て英米本位、自由主義に向いて」おり、「時勢人心はデモクラチックであつた」。三〇年の訪問時は、「階級闘争の熱はタギリたつて」おり、「山間の農村にも赤い風が吹き通つてゐた」。ところが、三度目には「空気は一変」し、「挙国一致して皇道精神の貫徹に終始する」状況となっていた、という。この急転ぶりを「大様はアングロ・サクソニズムからソヴエツト風になり、又ムソリニ風、ヒトラア風になつたことになる」と巧みに評し、「聖地よ、何処へ」と日本の行く末を案じる。さらに、この政治上の急転が「国民心理の上に驚くべき変化」をもたらしたとする。西洋に対するかつての「インフエリオリテー・コンプレツキス」に変わり、「スウペリオリテー・コンプレツキス」が芽生えかけているとみるのである。こう観察してきて、角田は日本の前途に不安を覚える。元寇撃退後に衰退に向かった「北条氏の末期、時宗時代」を想起させるとして、次のように「伸びる日本」に警鐘を鳴らす。

百尺竿頭一歩を進めよといふことをいふ。竿の天辺まで上ぼりつめる。モツトのぼれといふ。調子づいて一足でも飛びあがれば、落つこちることは当然だ。心がけのあるものは一足下りる、一足下へ下りることが、竿頭一歩を進めることだ相である。日本は今百尺竿頭に上ぼりつめたかにも見へる。これから飛び上がるであらうか。一足下りるであらうか。見て居ても気が気でない。

ここで角田が「見て居ても気が気でない」と呼ぶものは何であったろうか。一つは西洋に対する安直な優越感が広がり、それにより欧米諸国との摩擦が高まっていくことへの懸念があろう。デモクラシー・自由主義から社会主義へ、そしてファシズムへと近代のヨーロッパが長い期間にたどった道筋を、わずか数年間で突っ走ってしまう日本の異常な拙速ぶりに、危うさや頼りなさを感じてもいただろう。また、二元論が一掃され、「絶対的一元論」に固まりつつあることも、違和感をおぼえたのではないか。なお、三度目の訪問時には、「満洲事変」下の「支那、満洲、朝鮮」にもおもむいているが、その感想はこの不安のうちには入っていないと思われる。すぐみるように、角田は「満洲事変」による日本の中国への侵略を容認・肯定する。

天辺から「一足下りる」ことの警告は、「伸びる日本」の全否定ではなく、冷静に周囲の状況を判断し、リスクを犯さず、着実に一歩一歩「伸びる」ことを願ってなされていた。「歴史は芝居ではない。芝居で終つてはならない。其から先きがある。其から先きが問題である」という言は、「移り行く日本」の現実と将来についての深い憂慮と期待が込められている。

「東洋文明の正統的世襲者」として

後年の「壺中日月抄」(『新報』四〇年一月三一日)という文章で、角田は「私は満洲事変の頃、紐育新報に、日本の開国以来の発展が、日本民族の祖先の発祥地をたどる傾向のあることを注意して、大陸及び太平洋への膨張も、永い目でみれば日本民族の錦衣故郷に行くやうなものだ、といふやうなことを書いたことがある」と記している。この内容に相当する文章は、三四年一二月二九日付の『新報』掲載の「出門一笑録」と思われ、「満洲事変の頃」というのは角田の記憶がずれている。ただし、その記憶のずれからしても、日本の「大陸及び太平洋への膨張」が「錦衣故郷」に帰るものと、すでに「満洲事変」時には認識していた可能性は高い。

その「出門一笑録」では、「日本人の先祖は実に国際的な、世界的な親戚関係を持っている」として、「朝鮮は勿論である。澎湖島でも、南洋のヤツプでも、北は千島でも、樺太でも、北清でも、満洲でも、皆一度は我々の祖先の故郷の土地であつたに相違ない」と断定する。そのうえで、「これらの土地は皆祖先の故郷でありとすると、其の子孫が錦を着て帰るといふことは、至極人情にも、道理にもかなつたことで、帝国主義、軍国主義呼ばはりなどモツテの外と申さなければならない」と論じるのである。結びでは、イギリスの日本研究者の論を拡張して、アジアにおいて「日本民族のみが支配権を有つて居る筋合」とさえいう。

新たな人類学的知見から短絡して「大陸及び太平洋への膨張」を正当化するこうした考え方は、かつての「日本文化」論を転回させる。三五年二月、紐育日本人美術協会でおこなった講演「異国情緒と回顧主義」（『新報』三五年二月二七日、三月二日、六日、九日　角田は英語で講演、ここは清水清による和訳の要旨）で、「アジア大陸文明の足跡を踏むことに依つて、日本は東洋文明の正統的継承者となつた」と述べた。それは、二六年の「日本文化の特色」における、インドや中国の文化との違いのなかで日本文化の個性を認める理解とは異なって、日本文化が東洋文明を代表する、という意味を含んでいる。「東洋文明の正統的継承者」という観点からも、「大陸及び太平洋への膨張」は肯定視される。

角田はその後三六年、三八年と二度日本を訪れている。戦前最後となる三八年には、六月中旬より八月にかけて四〇日間の朝鮮・中国旅行をおこない、日中全面戦争下の日本軍の占領地域にまで足をのばしている。帰米を前に、三八年八月三〇日付の『読売新聞』に「日本の大陸進撃は故郷へ帰る姿だ」という見出しの記事が載る。アメリカの「学生らの真摯な日本研究の頭にこんどの事変についての支那側デマが万一まちがつた日本観を植つけてはといふ教授の心労は大きく、帰朝中の用務もほ

日本の大陸進撃は
故郷へ帰る姿だ
正義宣明に燃ゆるプラン
禁鋼の初違反

『読売新聞』1938.8.30

とんどデマ粉砕の史料蒐集やら大陸事情の調査で多忙だつた」とし、「その専門の文化史乃至民族移動史からの見解」を次のようにまとめている。

日本民族の祖先はかつて朝鮮から、遼東から、南支からこの島国へ渡つてきた、そしていまこそ子孫がその故郷へ帰つてゆく姿が大陸進撃の現在の日本ではないか、漢文化といつても、それは単に河北、山西、河南の中原と呼ばれた地味豊穣な地が土台となつたからこそ開花したのであつて、漢民族などといふ人種的因縁が素因ではない、そこへは他の異民族も幾多進撃して同じ文化の花を咲かせたこともある、まだ中原へ進まないのは広東人とかつて支那から東夷といはれた日本のみだ、だが、いまにして日本はその中原へ進みうる運命的な機会を与へられたのではないか、大きな歴史の眼でみるならば、日本の大陸進出は史上当然な順序だ

そして、この「正義宣明に燃ゆるプラン」は、新学年の講義案として用意されたものであるという。日本の「大陸及び太平洋への膨張」が「錦衣故郷」に帰るものという「出門一笑録」での見解が、占領地域の視察を通じて、より確信的なものになったといえる。

視察のもう一つの目的は中国美術の調査にあったが、その見聞は『紐育新報』に「支那に行つて来て」(三九年一月、六回連載)、「支那所々」(三九年三月・四月、八回連載)で語られ、『読売新聞』の記事の内容を裏づける。とくに後者では、日本の中国侵略がほとんど手放しで礼讃され

ており、中国旅行が角田を舞い上がらせていたことがわかる。二、三を引く。

支那を旅行して愉快を感ずることは、あの広大な大陸が、天智天皇以来全く日本人は「無断立ち入る可らず」といふ風になつてゐたのに、今では尠くとも皇軍の占領地域は、匪賊の時折の襲撃さへ要慎して居れば、我もの顔に闊歩することが出来ることだ。一望千里の平野を見ても、人のものと思ふと、其平坦無趣味なのに愛想をつかすが、わがものと思へば軽るしかさの雪だ。何となくうれしい。（三九年三月八日）

こうした愛護の深い五台山を、ゲリラ戦術の本山にして置くことはいかにも残念である。一日も早く山西一円が皇化に帰して、無尽蔵の石炭もであるが、かうした霊地が愛護されるやうにありたいと思ふ。（三月二二日）

今揚子江は漢口まで日本の勢力範囲に帰してゐる筈だが、既に鎌倉、足利時代に坊さんが我物顔に揚子江を上下してゐたのだから、こうなるのも無理のないことだ。（四月一日）

「支那所々」は旅行中の見聞を交えながら仏教を中心とする日中交渉史をエッセー風にまとめたもので、上記の引用にみられる日本軍による中国の占領を主題とするものではないが、「支那に行つて来て」も含めて、こうした肯定視・当然視は角田の意識の基調にあり、ごく自然な感想として散見する。この旅行自体が、外務省の石射猪太郎（福島中学時代の教え子）や北支開発会社総裁大谷尊由らの援助で支えられていたほか、前線各地の視察も軍部の厚意で可能となっていた。

ただし、「支那に行つて来て」では、やや異なった観察ぶりもみせる。三度目の中国旅行ながら、軍事的占領という事態のなかで感得した「印象」と、今後の日本の中国に対する「有効な工作」が提言される。まず、前者は「第一は支那はとても広い国だといふこと、第二に支那人の性質は余程日本人と異つてゐるといふこと、第三には力ヅクで抑へるより外仕様はないが、それがナカナカ容易でないといふこと」（三九年一月一日）とされる。第一の点は角田が万里の長城や黄河の源流まで各地を歩いた実感であり、「地が人を飲む」という中国の歴史に思いをはせる。第二は国民性・文化性の相違の大きさの再確認であり、日本の「水性と木性」に中国の「土性」を対比させる。そして、「日支相剋のあと」を概観し、「今度は大抵いけ相である。いかなければならないといふのが日本国民上下を通じての覚悟でもあり、希望でもある」と述べるが、それは角田の「覚悟でもあり、希望でもあ」った。とはいえ、中国の大きさや国民性の相違を冷静に考えると、すぐ「支那を扱ふのには力でなければ駄目なことは明らかであるが、力だけで果して行くものなるか」（以上、一月七日）という難題に直面せざるをえない。

すでに日本は軍部を筆頭にこの難題に「宣撫工作、文化工作」で臨んでいるが、角田はその効果について「実際支那人を感服させることは困難である」（一月一一日）と疑問を呈しつつ、「支那人が悦び、日本人にも結果がよからうと思はれること」（一月一四日）として、日本の国語の普及、宣撫工作への日本の婦人の積極的な動員と医師の派遣の三つをあげる。日本語の普及は、皇民化政策とは無縁の、「それを覚えることが利益である」という「生活問題」（一月一四日）の観点から提案されたもので、かつての「二個国語本位教育論」と通底するところがある。日本婦人の動員も「その評判のよさ」に着目した「柔よく剛を制す、かの石頑々たる支那人をして心境を一転せしむる」ことへの期待から導かれており、「慰安婦」的な存在は想定されていない。医師の派遣も「日本の医師は世界中の医師で一番よい」という確信から、「支那人を亡癘疾、流行病より救はせたい」（以上、一月一八日）という。総じて、実際の「宣撫工作、文化工作」の内実である皇民化の方策や一方的な押しつけとは対極にある、地味ながら中国人のために役に立ちたいという具体的な提言である。もちろん、軍主導の「力ヅク」一辺倒のやり方が有効でないとみながらも、「宣撫工作、文化工作」そのものを否定するわけではない。「支那を扱ふのには力でなければ駄目なことは明らかであるが、力だけで果して行くものなるか」という難題の前で、角田も苦渋するのは、日本の「大陸及び太平洋への膨張」の現実の事態を積極的に肯定するからである。

妻やすの甥にあたる方の証言によれば、一九三八年の帰国時、角田は「日本はとうてい支那にかなわない。とにかく大国だよ」（大村喜吉「角田柳作先生」『HERON』第一五号、一九八一年）と語ったという。先の中国旅行の前か後かは不明ながら、日本の中国侵略を肯定する一方で、もう一方ではそれがうまく行きそうもないことを予感する角田の姿がここにもある。

一九三八年の帰国時、角田は妻の年回忌にあたり、「東西南北人　一処住不断　家国風色好高山接白雲」という語を染め抜いた風呂敷を配ったという（大村前掲論文）。ここにあらわれた自らを「東西南北人」に擬す角田の心境は、どこにいても故郷や日本の「風色」を慕いつつ、偏狭な国家主義や人種・文化の偏見からもっとも遠い位置にあるとはいえ、「東洋文明の正統的世襲者」意識によって揺さぶられようとしていた。角田の生涯は「日本人」であると同時に、身も心も自由な「東西南北人」に象徴されるが、おそらく日本が中国と、ついでアメリカと戦争をしたこのときほど、それが逆に強く意識されたことはなかったであろう。

新体制への危惧

中国各地でみた日本の皇軍の華々しい侵攻ぶりを実地にみて角田は一時舞い上がったが、そこで辛うじて「チガツた支那人」という認識を保持することによって、また「東西南北人」の意識を高めることによって、三九年後半には冷静さを取り戻したようである。

還暦をこえて、「人生の秋に自己の過去を顧みる。何をして来たのか」と懐疑的な想いにもとらわれる角田は、「空想はいつの間にか現実に還つてゐる」として、次のような歌を作る（「落葉の富士」『新報』三九年一月一日）。

世界の平和　作るのだよと　国々は　荐《しき》りに軍備充実してる。
新秩序　つくるんだよと　〇〇〇は　四百余州　に爆弾《たま》おとしてる。

前者は第二次世界大戦前夜の各国の軍備拡張の競い合いを、後者は「東亜新秩序」構築の名の下におこなわれつつある重慶爆撃などを、批判的な見地でうたっている。こうした軍備拡張や「新秩序」の実相に違和感を抱きはじめつつ、まだしばらくは「大陸及び太平洋への膨張」の肯定と「伸びる日本」の危うさへの懸念が入り交じった状況がつづく。たとえば、四〇年一月二四日の「壺中日月抄」では「世界の将来が貧乏国の掌握に帰するといふことはあり得べきことで、またあり相なことだ。貧乏ユルギも愚鹿にはならない。短気さへ起こさなければ、根気さへあれば、段々芽の出ることに間違いはない。但し日本人が短気でない、根気があるといふ保証のないことも事実だ。どうか貧乏ユルギを骨折損のクタビレ儲けに終らせたくない」と述べる。その直後には「日本民族の錦衣故郷」論を持ちだし、それに乗って日本が「亜細亜大陸のスカアト迄」勢力範囲を

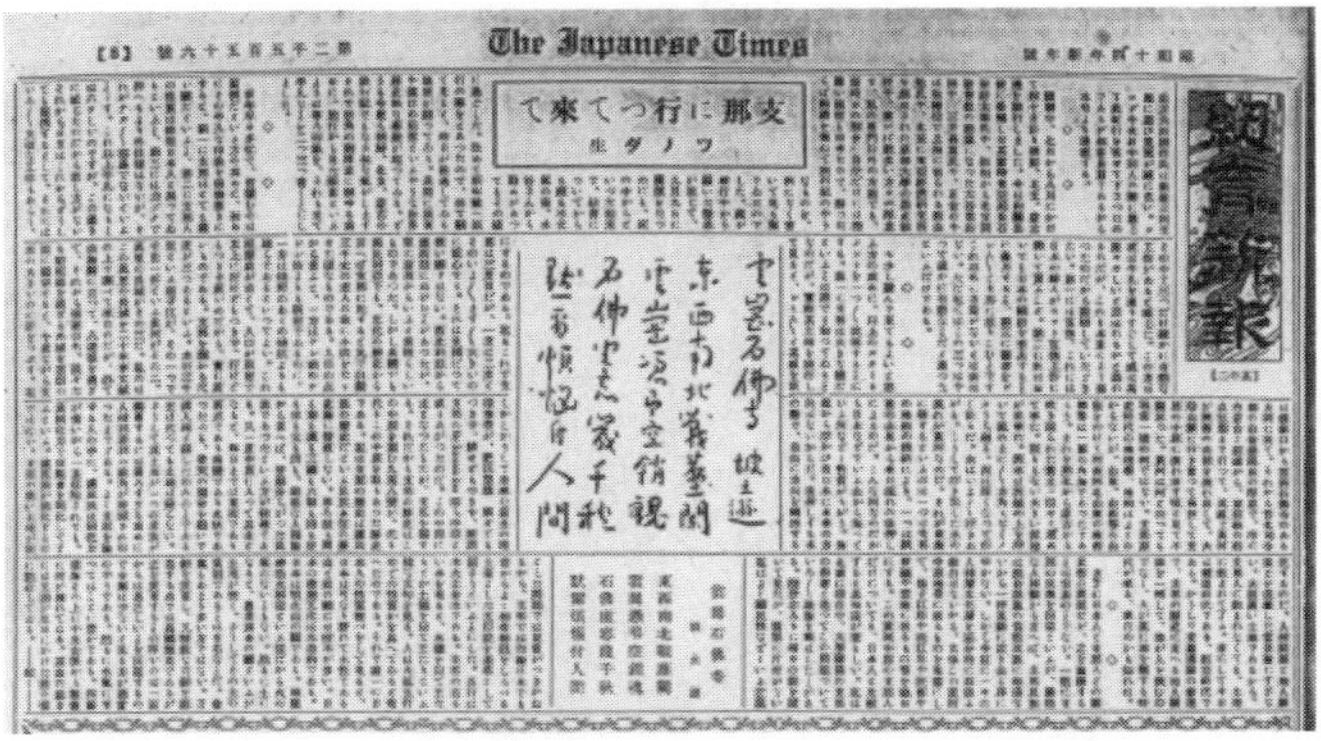
The Japanese Times

支那に行つて来て

ツノダ生

紐育新報

ツノダ生「支那に行つて来て」
(『紐育新報』1939.1.1、「坡土逐」名の漢詩もみえる)

拡げることに「その宏遠な前途を思ふと、うれしくもあるし、気にもかかる」（同　一月三一日）ともいう。この「うれしくもあるし、気にもかかる」というのが角田の正直な心境で、それは三〇年代前半の期待と憂慮の交錯した「移り行く日本」の次元に戻っているといえる。

しかし、第二次世界大戦が広がり、軍備拡充と挙国一致論への急傾斜が進む状況に、次第に角田は苛立ちを感じはじめたと思われる。『新報』四〇年六月一二日の「QUO VADIS」では、「ファシヨとかナヂ〔ママ〕などは一の方だ。自由主義は二だ。共産主義は三だ」としたうえで、「一と二と三が喧嘩ばかりして其結果一だけ、二だけ、三だけの世界になつたら、数学は自滅する。ナヂでもリベラリズムでも、勝利の時は自滅の時だ」「それより一も二も三も皆入用だといふことにして、一所に数学をして行く方が無事だらう」と展開する。角田の本来の多元主義重視の観点からの、現状批判である。さらに六月二二日にはアメリカを指して、「この国も其中にヨロヒ、甲《かぶと》を着るやうになるらしい。人がヨロヒ、甲を自慢するやうになると花は痩せる。世界に一ト所位、花の痩せない国があつてもいいんだ」と述べるが、ここからは平和・非軍備への強い志向が読みとれる。この背景には、戦争が必然的に膨大な「犠牲」をもたらすことへの生理的嫌悪感がある。

このような現状批判は、日本の新体制批判に直結する。「希臘《ギリシャ》語のドンヅマリ」という意味の「ESCHATOS」と題した文章のなかで、角田は「恐らく日本の歴史に曽て見ない大変動を、日本自身もして居る」として、「吾々の育てられた日本は今滅びて、新らしい日本が勃興しつつある」と論じる。この「移り行く日本」の行きついた「新体制」に、角田のなかではもはや期待よりも危惧が強くなっている。日本の変貌を「トウタリタリアン、ストイシズムが、リベラル・エピキユリズムを克服しつつある」とみるところに、それはうかがえる。さらに「苟くも日本人としてこの新体制に即応する為めには、自分の道楽退治に着手しなければならない」（以上、『新報』四〇年一二月一八日）と述べて、好きだった酒を止めるというのも、一種の皮肉と読める。「新体制」に呼応したというより、その滅亡への道をたどりつつある日本の将来を案じて、禁酒という願掛けをしたというべきだろう。

角田に新体制への危惧を呼び起こしたのは、「挙国一致の義勇奉公主義」が日本中に蔓延してしまったことに加え、日米関係が急速に悪化しはじめたことへの危機感である。「PERIPATOS」という文章では、太平洋をへだてる「木造文化」の日本と「近代の巨石文化」のアメリカの対立の「其距離は加速度的に縮まり、其摩擦も加速度的に加はりつつある」と述べる。そして、その石が転げ出そうとしているとして、「石を千仭の谷に転ろがすとあぶない。途中にある木は怪我をする」（以上、『新報』四〇年九月二八日）と、日米の開戦に警告を発し、日本の破滅を暗示する。

日米戦争が急迫する事態に角田の平和への願いが強まる。一〇月九日の「PERIPATOS」では、「どうか日本と支那の間に一日も早く大和の時が来、日本と亜米利加も大和の心に和らぎ、日本と露西亜も、日本と英国も、凡ての国、民と大和の恵沢を共にするの日の来る」ことを「夜昼の願」と切望する。日本民族は本来平和を希求するという信念から、戦争一色に染まった日本に自省を求めているとはいえ、おそらく「日本と支那」の関係は日本の侵略が固定化されたままで捉えられている。

なお、角田より四年早く生まれ、一年早く東京専門学校を卒業して、アメリカに学び、エール大学で日本文化史・法制史を講じた朝河貫一も、軍国主義日本のするどい批判を展開している。すでに朝河の日本外交への忠告と批判や日米開戦回避のための言動については、阿部善雄『最後の「日本人」』などによってよく知られるようになったが、日本の「新秩序」について「それ自体が武力と莫大の殺傷と破壊とに生れたものである故に、もし之を文字通りに遂行せんとすれば、始終武力と無理な作為的施設とに頼るの外なかるべく、又もし日本が支那ならば耐へ難い屈辱である故に、支那ハ常に反抗して常に動乱し、遂に恐るべき日本国難を生ずべきもの」（村田勤宛書簡、一九三九年一〇月二二日付　朝河貫一書簡編集委員会編『朝河貫一書簡集』）と述べるところは、角田の憂慮につながっている。日本の要路にその暴走を警告し、ルーズベルト大統領に対して天皇への親書運動を働きかける朝河のような積極的な活動は角田にはないが、二人の日本への真の愛国心の深さは共通している。『朝河貫一書簡集』収録の角田宛の四通の書簡の内容からみても、両者が密接な交友関係を結んでいることは明らかで、日米戦争が現実味を帯びるなかで、二人はその深刻で憂鬱な胸の内を語り合うこともあったと思われる。

アメリカへの批判

アメリカに対して、たゆまぬ進歩性などに畏敬の念をもちつつ、以前からその独善性を指摘することもあった角田にとって、一九四〇年前後はもっとも批判を強めた時期といえる。それは、前述したようにアメリカが「ヨロヒ、甲」による武装、つまり軍事力に急傾斜し、イギリスに代わって世界の中心にすわり、近代文明の精華に酔った過信とも思える行動が、角田の感性と相容れぬからである。四〇年九月には「新らしく勃興する、或は既に勃興しつつあるアングロサクソンドムはリベラリズムやデモクラシイの伝統に繋がれないだらう。至つてミリタントのものだらう」(「PERIPATOS」四〇年九月一八日)と喝破し、一一月には「米国の人達は気随《きまま》でもあれば気楽だ。いつも人間を自然の征服者と心得て居る。自由恋愛、自由結婚。何でも自分と決めて自分でやつてのける。結構な身分だ」(同　一一月二〇日)と痛烈な皮肉を飛ばす。

こうしたアメリカは、かつて「移り行く日本」において急スピードで「伸びる日本」を元寇後の北条氏になぞらえていたと同様に、衰退の道をたどることを予言する。「太平洋の此岸に勃興しつつある新らしいアングロサクソンドムは、テムパアに於て、ヂイシプリンに於て北条氏のやうであ

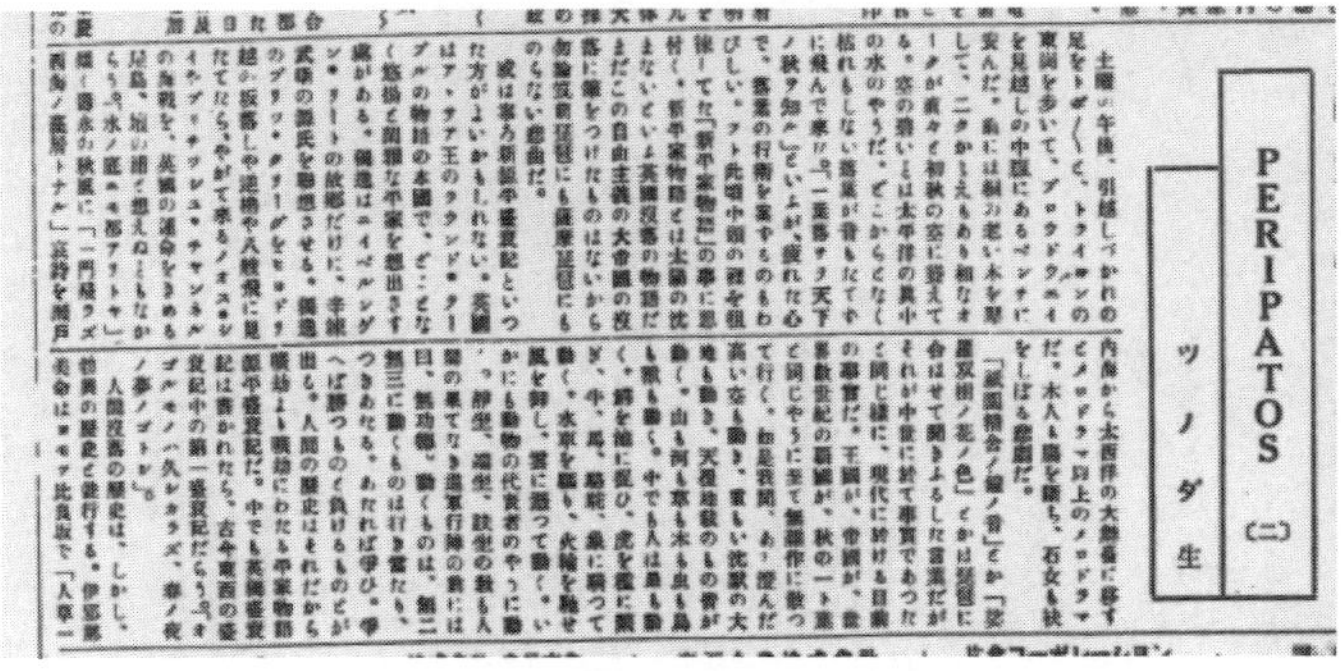
PERIPATOS (二)
ツノダ生

ツノダ生「PERIPATOS」(『紐育新報』1940.9.18)

らう」（「PERIPATOS」九月一八日）とみなすのである。この武断的な現実のアメリカに対し、角田はスペインなどによって「フミニヂラレた印度人、アツエツクやインカの亡国談」（同 一一月一三日）に深い共感を寄せる。世界中が武力一辺倒になるなか、それによって「犠牲」を強いられたものへ角田は改めて目を向けた。

角田のアメリカ批判は、文明批判にも通じる。一九四一年六月、コーネル大学のあるイサカの町を訪れた角田は、「私は時々華盛頓《ワシントン》や紐育やボストンを中心とした米国は存外モロく廃頽し没落しはしないかと思つたものだが、イサカを中心にした米国は末長く繁昌するだらうと思ふ」と感慨をもらす。「欧羅巴戦争の弥次馬に、一つになつて浮身を窶《や》つして居る」ニューヨークなどの大都会への嫌悪と対照的に、「予へられた自然に一心一向、実践攻究の誠を輸《い》たす」（以上、「イサカの記」『新報』四一年七月二日）ことのできるイサカに象徴されるアメリカに希望をもつのである。断酒を契機に、角田が自宅近くのフォート・トライオン公園とインウッドの森の山歩きを日課とするようになったのも、都会生活のなかでいくらかでも自然と接する時間をもちたかったからであろう。

友人芦田勲は、日米戦争直前の角田の動静を伝えている（「近頃紐育噂話余聞」『新報』四一年九月一三日）。在留日本人の不安が増大し、帰国者が続出するなかで、角田は『落ちつけ落ちつけ』と説いて、邦人社会のこと何くれとなく心配せられて居る様子」という。最後まで「老骨をひつ下げて」アメリカに留まる決意をして、「コロンビア大学だつて何も邪魔扱ひにもしないかも知れず、それに若い者が皆日本に帰つて仕舞つては之からのアメリカを観察する者が無くなつて仕舞ふぢやないか」という角田の言葉を紹介する。一年ほど前には、角田自身も「実際は私なども日本が好きで、其中日本に隠居する希望を持つていたのだが、業がつきないのでまだ残つて居る。此頃の様な風雲だと、最後迄踏止まらうといふ気になる」（「PERIPATOS」四〇年一〇月一二日）と述べていたが、その後「之からのアメリカを観察する」ことを自らの役割と任じていったといえよう。それは、廃頽・没落していくアメリカと、自然とともに歩む健康なアメリカの「之から」への関心であり、角田が二〇年以上にわたる「アメリカニズム」探求の絶好の機会でもあった。

なお、「業がつきない」とは、主にコロンビア大学の「日本文庫」の整備がまだ中途の段階にあるということであろう。在留日本人の帰国者の増大した四一年八月には、『紐育新報』紙上で「日本文庫」への蔵書の寄贈を呼びかけている（八月二〇日）。一一月末に閉館となった日本文化会館の図書類も、「日本文庫」に収蔵された（時期は不明）。

VI　戦時の監視下で

エリス島への拘留

日米開戦が切迫するにともない、軍は日本語のできる人材を急遽養成する必要に迫られ、一九四一年六月、コーネル大学で「日本語の会話と読み書きに関する教授方法の改善をはかるため、日本語教育に携わる者たちの会議」を開いた。ヒュー・ボートンらの抗議にもかかわらず、アメリカ市民権をもっていないという理由で、角田柳作は会議への参加を拒否された。ボートンによれば「控えめに苦々しさと失望の気持ちを表し」、「このような不快な経験は初めてではないが、今回は非常に腹立たしさを覚えた。たしか私は……こういった会議の開催を提唱した人間の一人だったはずだ」と述べ、「この件を二度と話題にしなかった」という（以上、『戦後日

本の設計者　ボートン回想録』)。角田自身は何も書き残していないが、修復不可能になりつつある日米関係の悪化を実感するとともに、自らも種を蒔き、大事に育ててきた日本研究のはたす役割に複雑な想いを抱いたのではないだろうか。

それでも四一年秋の新学期から角田は淡々と「中国・日本学部」の授業をおこなっている。すでに引用したように、D・キーンが最初の授業で受けた「忘れがたい」印象は、このときのものであった。「日本文化の黎明期においての太陽と山と水との重要性について」の講義は、戦争愛好国民とみなされている日本の平和的な一面を少しでも伝えたいという角田の願いがあったろう。

真珠湾攻撃で日米開戦となった直後の一二月九日早朝、連邦捜査局の係官は角田のアパートを襲い、「公共の平和と合衆国の安全にとって危険と思われる敵国人」という理由で拘引し、エリス島に連行した。その経緯や仮釈放後の監視の状況は、連邦捜査局（FBI）の角田に関する個人情報の公開によって明らかとなる。

一二月七日、大統領指令による拘引令状が一斉に発せられ、そこには角田の名もあった。七日夕方から完全武装したFBIによる日本人の拘引がはじまり、八日夜までに一〇〇人以上に達した。ニューヨーク市長は、「日本人に対し、彼等の身分がはっきりするまで自宅にとじこもるよう命令し、クラブ其の他の集会場を閉鎖し、警官の監視下に置いた」(以上、『ニューヨーク・タイムズ』四一年一二月八日)。おそらく角田も新聞やラジオでこの措置や日本人の拘留を知ったはずである。七日には、日本総領事館のほか、角田もメンバーであった日本倶楽部なども閉鎖された。そして、角田の拘引は比較的遅く、九日朝となる。『ニューヨーク・タイムズ』（一二月八日）によれば、「被拘引者は親切に取りあつかわれたが、警戒は厳重であった。被拘引者は荷物をまとめる時間を与えられた」という。ニューヨーク近辺では、一二月中旬までに日本人・日系人二七九人、ドイツ人二四八人、イタリア人八一人を数えた。日本人・日系人の拘留期間はおおよそ一ヵ月から四ヵ月であったが、なかには二年以上続いた場合もあった（以上は、エリス島の移民博物館で一九九八年秋に開催されたAmerica's Concentration Camps の展示解説）。四二年一月二五日付の『ニューヨーク・タイムズ』は、「ニューヨークにも強制収容所がある。これは、ニューヨーク湾の北側、エリス島に建つ緑の大クレムリン・ドームの下に設置されている」と報じている。ＦＢＩによって拘引された日本人は全米で三三五〇人にのぼった（ドイツ人は一五三二人、イタリア人は三六九人。新日本新聞社『米国日系人百年史』による）。

ＦＢＩが一二月一九日付で作成した文書によれば、早くも四一年四月三〇日付の文書に角田に関する記載があり（内容不明）、ＦＢＩの調査がそれ以前から始まっていたことをうかがわせる（角田が『紐育新報』に寄稿した前述の「支那に行つて来て」・「支那所々」などの、日本の中国侵略肯定論に注目していた形跡がある）。一二月一九日付の文書には、角田が日本文化会館から三〇〇ドルを受け取った（講演謝礼と思われる）という海軍情報部の情報や、ニューヨーク日本総領事館の作成した有力な日本人のリストのなかに名前があることも含まれている。『米国日系人百年史』によれば、「ニューヨーク市で拘引されたものは大体日本政府関係者、日本から来た商社の社員及び此等のものと密接な関係があると認められた同胞社会の有力者達で、労働者で拘引されたものは比較的少なかったといわれて居る」。また、ニューヨーク総領事であった森島守人の『真珠湾・リスボン・東京』には、七日夜の「一晩中商社や新聞関係の人々が、次々とエリス・アイランドの移民収容所に収容されているとの電話が、家族や知人から引っきりなしにかかり、その動静についてはまことに懸念にたえなかった」とある。おそらく角田の場合も、二〇年以上もニューヨークで生活した「同胞社会の有力者」の一人として、拘引されたものであろう。

角田と同じくエリス島に拘留された人たちのなかに、日本文化会館の館長前田多門がいる。「何百人という人間が四六時中一室で暮しているので昼も夜も騒然たる中で、先生は端然として読書に耽っていられた」（嘉治真三「前田多門先生を憶う」『前田多門　その文その人』所収）という。角田と入れ違いに、鶴見俊輔も一時エリス島に拘留された。ハーバード大学の学生だった鶴見は四二年三月に下宿で拘引されたあと、東ボストン移民局の留置場から移されたもので、「ひどいあつかいをうけたとは言えない」（鶴見『北米体験再考』）という。ワシントンの議会図書館の東洋部日本課長であった坂西志保は、開戦当日の一二月七日夕方、自宅から拘引され、デラウエア州の収容所に送られた。前田・鶴見・坂西らは、四二年六月の捕虜交換船でニューヨークを発った。

コネチカット州ニュー・ヘブンにいた朝河貫一は、日米開戦後、刑事や移民官の来訪があったことについて、友人への書簡に「移民官は規定の質問を私にしなければならなかった。その

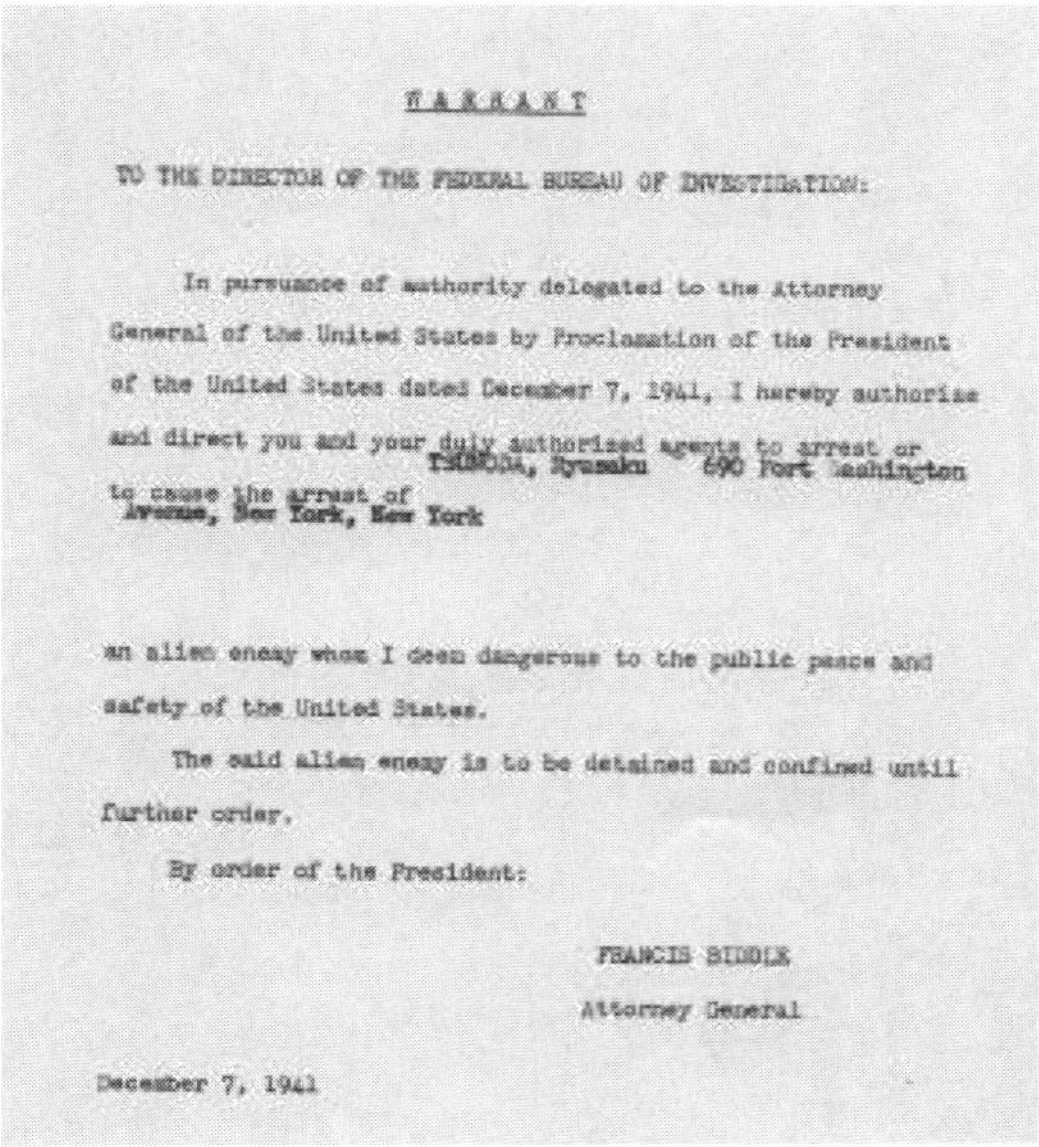

WARRANT

TO THE DIRECTOR OF THE FEDERAL BUREAU OF INVESTIGATION:

In pursuance of authority delegated to the Attorney General of the United States by Proclamation of the President of the United States dated December 7, 1941, I hereby authorize and direct you and your duly authorized agents to arrest or to cause the arrest of TSUNODA, Ryusaku 690 Fort Washington Avenue, New York, New York

an alien enemy whom I deem dangerous to the public peace and safety of the United States.

The said alien enemy is to be detained and confined until further order.

By order of the President:

FRANCIS BIDDLE

Attorney General

December 7, 1941

逮捕令状(1941.12.7、FBI資料)

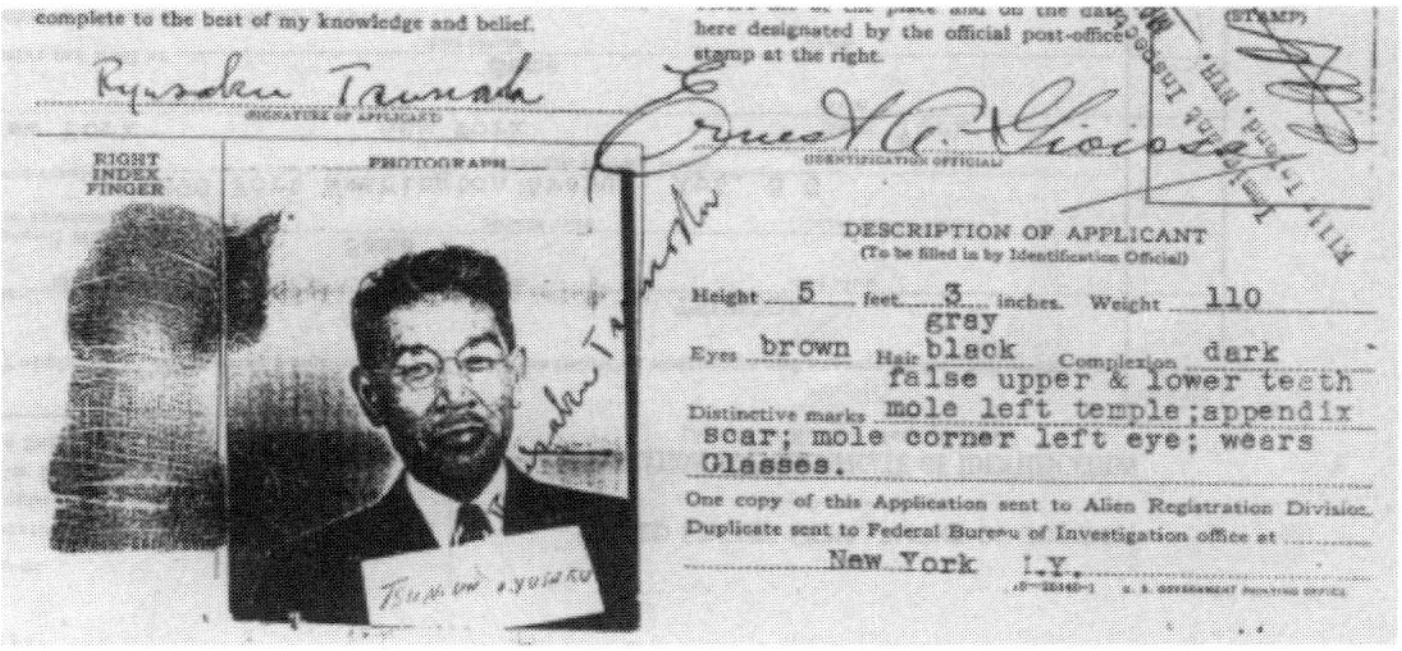

complete to the best of my knowledge and belief.

Ryusaku Tsunoda

(SIGNATURE OF APPLICANT)

here designated by the official post-office stamp at the right.

(STAMP)

(IDENTIFICATION OFFICIAL)

RIGHT INDEX FINGER

PHOTOGRAPH

DESCRIPTION OF APPLICANT

(To be filled in by Identification Official)

Height 5 feet 3 inches. Weight 110

Eyes brown Hair gray black Complexion dark

Distinctive marks false upper & lower teeth mole left temple; appendix scar; mole corner left eye; wears Glasses.

One copy of this Application sent to Alien Registration Division. Duplicate sent to Federal Bureau of Investigation office at New York N.Y.

抑留時の個人情報(FBI資料)

一つは、私がアメリカに忠節かどうかであった。私は、そういった宣言はしたくないが、私の言葉よりも行動で判断すべきであると答えた。とにかく訪問はたいへん好意的であった」（四二年一月一日付、ジョージ・クラーク宛　ここでは阿部善雄『最後の「日本人」　朝河貫一の生涯』より再引）と、記している。「アメリカに忠節かどうか」という「規定の質問」への応答に加え、おそらくエール大学教授という地位やニュー・ヘブンという地理的状況なども考慮されて、朝河は拘留されなかった。それでも小さな制限ながら、朝河は「定期的に所在を市警に届ける義務を負わされていた」（阿部前掲書）。

一二月九日朝六時、角田は自宅アパートで拘引され、一〇時にはエリス島に連行された。一六日には係官によって、主に日本への出入国関係が聴取された。この間、「敵国人質問表」に記入させられ、二九日には正式に署名させられた。二二日、コロンビア大学の同僚ヒュー・ボートンがエリス島の司令官に書簡を送り、角田の無実を主張している。ボートン自伝にいう、角田が「合衆国に対する背信行為の嫌疑を申し開きするためにニューヨークの連邦地方裁判所へ出廷」したのは、四二年一月一五日である。一三人の拘留者（日本人・日系人は八人）と一緒に、連邦地方裁判所に設置された民間有識者による敵国人関係審査委員会で査問された。グッドリッジとともに角田の証人として出廷したボートンは、「判事の前で、彼が長年アメリカを称賛し、忠誠を尽くしてきたことや、コロンビア大学図書館における日本語の蔵書収集に尽力し、日米関係の絆を強める努力を半生にわたって続けてきたことを述べた」。角田の「率直で物静かな態度」（『戦後日本の設計者』）は、委員会のメンバーを感動させ、「角田さん、あなたは詩人ですか」との言葉をも発せさせた、という（D・キーン「ニューヨークの一人の日本人」）。ただし、角田は自らも「アメリカを称賛し、忠誠を尽くしてきたこと」を認めつつ、アメリカのみに対する忠誠を誓うという求めには応じなかったはずである。このため審査委員会は、無条件の釈放ではなく、監視と身元引受人の条件を付した仮釈放という結論をだした。審査委員会の内部でも、全員の意見の一致はみなかったようである。

この決定はエリス島の移民収容所に通知され、所長は四二年二月二日、それを指令した。実際には身元引受人の決定や承諾などの手続きがあり、角田の身柄が解放されたのは、三月二四日であった。角田が名前をあげた同僚のグッドリッジとヘンダーソンのうち、ヘンダーソンが身元引受人となった（その後、ヘンダーソンからジョージ・ノス、さらにグッドリッジ〔いずれもコロンビア大学〕に交代となる）。角田は、その身元引受人と仮釈放事務所に週一回のレポートの提出を義務づけられ、ニューヨーク市外への旅行の禁止という条件も付せられた。この動静の監視は戦後までつづく。

動静の監視

仮釈放後、角田はコロンビア大学の「日本文庫」主事および「中国・日本学部」の講師として、以前どおりの勤務にもどった。軍の要請によりコロンビア大学でも実施されはじめた日本語教育に、角田は協力しているようである。この戦時下のキャンパスの様子について、「国内でも総動員で、象牙の塔といわれる学内の運動場でも練兵場になり、教室も多くは軍事講習所となり、その中にクエイカー信者のものも政府に召喚され、半白の老教授も進んで軍職につき、籍の外国にある学生でも応募してゆく有様」と記している。そこに「アメリカ人の愛国心に富んで、義勇公に奉ずる精神の強い」(以上、「仏教とアメリカ」『仏教と文化』〔鈴木大拙博士頌寿記念論文集〕一九六〇年）ことを再認識する。そうした雰囲気のなかでも、「率直で物静かな態度」の角田は大学関係者・学生からあたたかく迎えられた。

六月九日には、角田は日本への送還をことわっている。開戦直前に「之からのアメリカの観察」を自らに課していたが、その気持ちは変わらなかった。さらに、軍国主義一辺倒の日本に戻ることを拒否する心情があったのではないだろうか。

角田に関するFBIの情報ファイル中には、日本倶楽部が角田に図書類の評価を依頼することの申請（許可)、通常の教育以外に日本語教育に携わっているので定期報告の間隔をあけてほしいとのヘンダーソンからの要請（拒否)、ユニオン・セオロジカル・セミナリーから角田に講義を依頼することの申請（許可）などがあり、保釈されたとはいえ、角田の行動はかなりきびしい制限のもとにおかれていたことがわかる。

仮釈放事務所の作成した角田の動静報告は、四二年九月以降の分が残っている。たとえば、四二年九月九日付の報告では、前半で、角田は合衆国の利害になんら危害を加える人物ではないこと、仏教に強い関心をもつものの政治には関心がうすいこと、この戦争においてアメリカの勝利を望んでいるらしいというヘンダーソンのレポートにふれる。後半は、角田へのインタ

現況報告
（FBI資料）

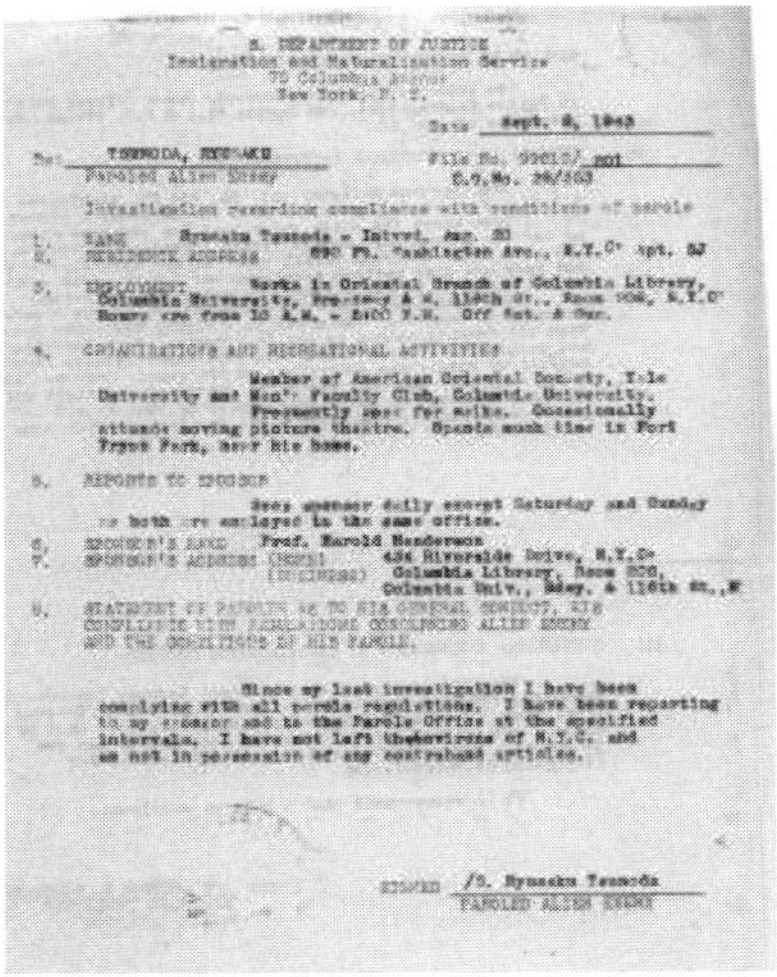

S. DEPARTMENT OF JUSTICE
Immigration and Naturalization Service
70 Columbus Avenue
New York, N. Y.

Date Sept. 8, 1943

Re: TSUNODA, RYUSAKU
Paroled Alien Enemy

File No. 99613/201

Investigation regarding compliance with conditions of parole

1. NAME Ryusaku Tsunoda - Intvd. Aug. 30
2. RESIDENCE ADDRESS 690 Ft. Washington Ave., N.Y.C. Apt. 5J
3. EMPLOYMENT Works in Oriental Branch of Columbia Library, Columbia University, Broadway & W. 116th St., Room 306, N.Y.C. Hours are from 10 A.M. - 5:00 P.M. Off Sat. & Sun.
4. ORGANIZATIONS AND RECREATIONAL ACTIVITIES
Member of American Oriental Society, Yale University and Men's Faculty Club, Columbia University. Frequently goes for walks. Occasionally attends moving picture theatre. Spends much time in Fort Tryon Park, near his home.
5. REPORTS TO SPONSOR
Sees sponsor daily except Saturday and Sunday as both are employed in the same office.
6. SPONSOR'S NAME Prof. Harold Henderson
7. SPONSOR'S ADDRESS (HOME) 434 Riverside Drive, N.Y.C.
(BUSINESS) Columbia Library, Room 306, Columbia Univ., Bdwy. & 116th St., N
8. STATEMENT OF PAROLEE AS TO HIS GENERAL CONDUCT, HIS COMPLIANCE WITH REGULATIONS CONCERNING ALIEN ENEMY AND THE CONDITIONS OF HIS PAROLE.

Since my last investigation I have been complying with all parole regulations. I have been reporting to my sponsor and to the Parole Office at the specified intervals. I have not left the environs of N.Y.C. and am not in possession of any contraband articles.

SIGNED /S. Ryusaku Tsunoda
PAROLED ALIEN ENEMY

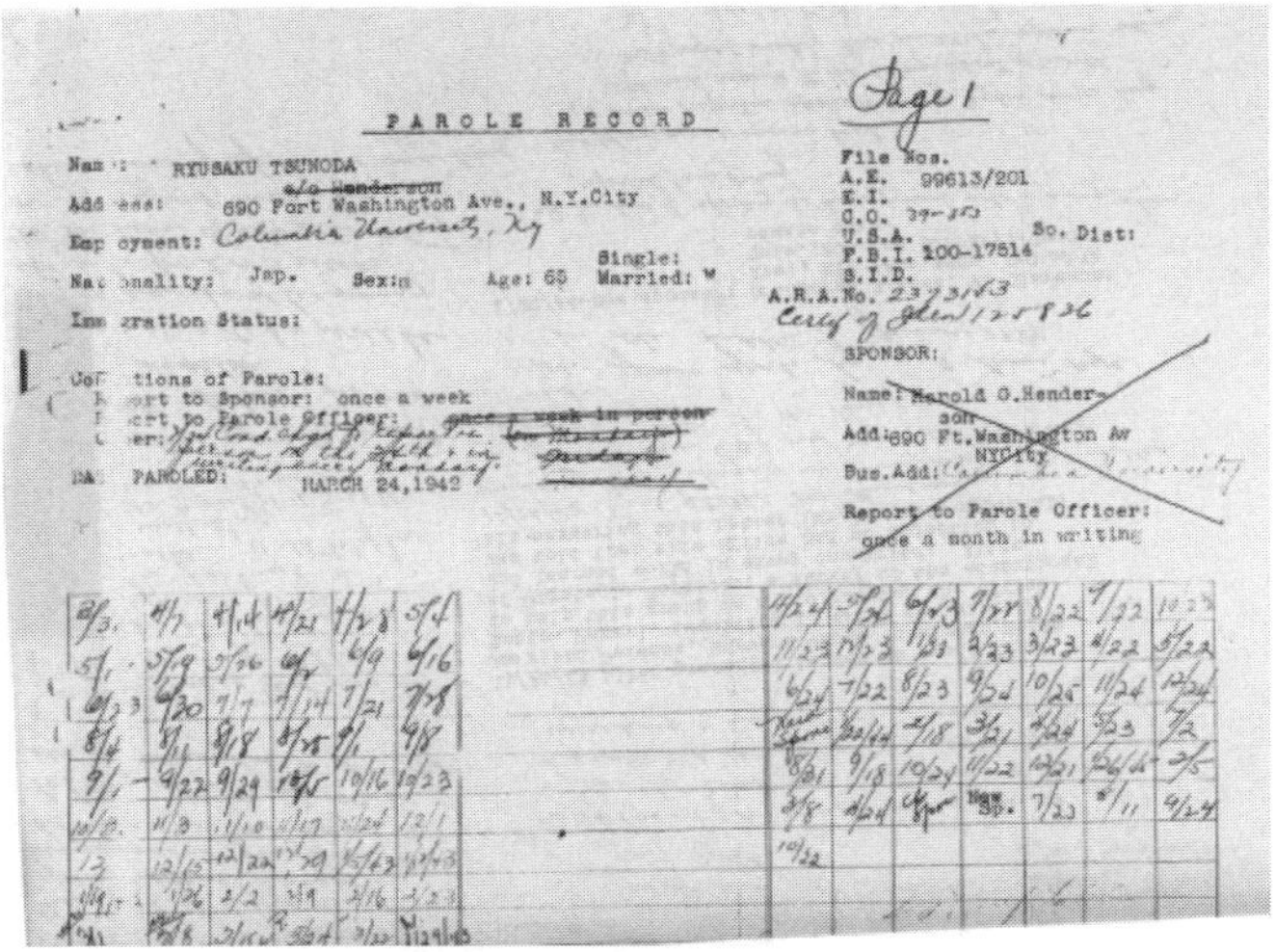

Page 1

PAROLE RECORD

Name: RYUSAKU TSUNODA
c/o Henderson
Address: 690 Fort Washington Ave., N.Y.City
Employment: Columbia University, N.Y.
Nationality: Jap. Sex: M Age: 65 Single: Married: W
Immigration Status:

Conditions of Parole:
Report to Sponsor: once a week
Report to Parole Officer:
Other:
DATE PAROLED: MARCH 24, 1942

File Nos.
A.R. 99613/201
E.I.
C.O.
U.S.A. So. Dist:
F.B.I. 100-17514
S.I.D.
A.R.A. No.

SPONSOR:
Name: Harold G. Henderson
Add: 690 Ft. Washington Av NYCity
Bus. Add:
Report to Parole Officer: once a month in writing

視察報告（FBI資料）

ビューのまとめで、住居、所属団体、自由時間の多くを公園での散歩に費やすなどの日常の生活ぶり、カメラや短波ラジオを所持していないことなどとなっている。

時期は不明ながら、仮釈放事務所がおこなっていた動静報告の担当が司法省の移民帰化局に移り、四三年二月六日付の文書から残っている。この前半は角田の署名のある「自己申告」で、余暇の行動や親書の往復状況などのほか、敵国外国人としての制約に違反していないことが述べられる。後半は、これまでの身元引受人の証言に、住居の近隣者からの聞き取りや警察からの情報が加わっている。その後の文書でも、近隣者はいずれも角田の人柄を好意的に証言している。戦時中のこととして、D・キーンは「敵国に暮している日本人として何か不愉快な経験がなかったかと聞いたが、先生は否定した」(「ニューヨークの一人の日本人」)と書いている。このFBIのファイル中の同僚・近隣者の誰からも、角田に対する批判めいた証言は一つもなされず、彼が周囲から尊敬され、親しまれていたことを物語る。それは、学究生活において、日常生活において、角田が誠実そのものであったからにほかならない。なお、二月二四日付で、仮釈放事務所に対する角田の報告義務が週一回から月一回に緩和された。

四三年一一月二四日の仮釈放事務所宛に、角田は、国防省のハーバード・グループの調査への参加を求められていることを報告しているが、これは、後述する日本の文化財調査に関連すると思われる。

二つの国への忠誠心

移民帰化局による角田の動静報告の形式が、四四年一月一〇日付のものから変更された。「自己申告」の部分がなくなり、角田本人・身元引受人・職場の同僚・近隣者などからの聴取が詳細に記述されるようになった。おそらく戦争の行く末が見通せる段階となるなかで、「合衆国に対する背信行為の嫌疑」の晴れない者への監視がきびしくなったのであろう。角田については、合衆国と日本に対してそれぞれ忠誠心をもっているとして、総領事館作成の有力日本人の名簿に名前が入っていることなどのほかに、日本の軍国主義・戦争を支持する文章を書いていること、日本と何度も往復していることをあげている。一月四日の聴取において、角田は次のように語ったという。

私は人種的な理由によりアメリカの市民権をとることができないので、日本国籍のままとなっている。私が日本の敗北を望んでいるということはとても馬鹿げている。……私は一九一七年以来、アメリカに住んでいる。私の人生のすべての関心はアメリカと結びついており、同様に日本とも結びついている。アメリカの敗北を望むことはとてもできない、なぜならそれは私の人生の関心の破壊を意味するものだからだ。それゆえに、この戦争で日本とアメリカのどちらが勝つかという質問に答えるのに困惑せざるをえない。……パールハーバーへの日本の攻撃が正しかったのかどうか、確かな判断をくだすことはできない。

私たちはこの大学で学生たちに確実な資料にもとづかないかぎり、判断をくだすなと教えている。私は、日本の中国に対する侵略が大変に悪いことであるとしばしば感じていたし、そう言ってもきた。

最後の部分に関して、新たに身元引受人となったノスも、角田は日本の軍国主義の崩壊を望んでいるようだ、と観測している。開戦前に比べ、日本の軍国主義に対する角田の批判の度合が高まったことは確かだろう。にもかかわらず、角田は日本の敗北を望むことはできず、日本とアメリカへのそれぞれの忠誠心が持続していることを率直に語るほかなかった。この日本への忠誠心を捨てきれないこと一点のみが、彼を仮釈放とし、監視を継続させることになった。七月二四日付の動静報告でも、同様の立場を述べるとともに、アメリカの勝利を予想しつつ、日本とアメリカが平和的な交渉によって再び友好的になることを望んでいる、としている。アメリカ生まれの二人の孫のために、五〇ドルの戦争債を購入した、という。一方では、角田はアメリカの軍国主義や近代文明至上主義への戦前以来の批判をもちつづけたはずで、全面的な忠誠を誓うことへの躊躇もあった、と思われる。

四五年二月九日付の報告では、戦争債を定期的に購入したり、日本の文化財マップの作成で軍に協力しており、今後もできる限りのことをしたいとしながらも、日本国籍を有し、アメリカ市民権をもっていないので、日本への忠誠を否認するわけにはいかないと述べている。聴取者も、この問題に対する角田の見解は全く誠実なもの、と認めている。角田は自分の人生の最良の部分を、日本とアメリカの間の文化的な交友を大きくすることにささげてきたといい、戦争が終われば、また日本を訪れたいが、そこにずっと留まるつもりはない、とも語っている。

戦争終結の前後、七月にはニューヨーク郊外ロング・アイランドのコールド・スプリングスでの夏休み休暇、九月には友人を訪問するためのワシントンD・C訪問という申請が出され、認められている。

そして、一〇月二五日付の報告が最終のものとなった。これは、八月八日に角田から聴取されたもので、戦争はまもなく終わり、原爆によって日本は降伏するだろう、という。さらに、日本は、ソ連に傾斜していくもの、アジアのためのアジアをめざすもの、アングロ・サクソンに傾斜していくもの、という三つのグループに分かれていくだろう、と観測する。また、日本の女性が最初の参政権を獲得したという理由で、アメリカに傾いていく、とする。まだ、この時点でも監視は続けられることになった。角田の監視が解かれたのは、一一月一五日だった。

角田のように仮釈放となって、監視と行動の制限を受けた日本人・日系人は多かっただろう。なかには、アメリカへの忠誠を誓って、監視を解かれた者もいたと思われるが、角田は最後まで二つの国への忠誠を持ちつづけた。日本の軍国主義が滅びることは願っても、日本が敗れることは望まなかった。一方で軍のかかわる日本語教育や後述の文化財リストの作成などに協力しながらも、日本への忠誠心を失わなかったのは、どのような理由によるのだろうか。

戦時中に角田が書き残したものはなく、戦後の断片的な回想によってうかがうしかないが、エリス島から出ると、まず道元の著作に傾倒した。「戦争といふ人生の厳格な事実を前にしてゐたので、難解で厳格な道元禅師に親しめたのかもしれない。無暗に読んだ」(「フシギな涙」『北米新報』四八年一月一日)という。二つの国への忠誠心のはざまで角田の苦悩が深まったとき、道元に傾倒することで、心の平安を保とうとしたのだろう。

戦前の一時期、日本軍の中国侵略を肯定視するぶれはあったものの、角田の意識の基調には平和への志向と国際協調があった。それゆえ、「この戦争の時ぐらい、戦争のおそろしさを痛感したことはありません」として、「仏教の平和主義」について考えることが多く、「不殺生戒」「ガンジーの非暴行主義」などのことも想起した、という(「仏教とアメリカ」)。平時のときには日本とアメリカにそれぞれ忠誠を誓うことは矛盾しなかったが、戦争となって敵同士になったとき、その「おそろしさ」におののき、いずれの国の軍国主義の跋扈にも反対し、平和への志向は痛切なものとなったはずである。

そして、道元への傾倒とともにか、あるいは前後してか、角田は日本の文化の伝統に思いいたる。一九五二年一月一日の『北米新報』に寄稿した「源氏物語など」では、「私は戦争中日本は滅びるかもしれないといふ感じを抱きとおして来た。さうして其折々に、何があとにのこるであらうかと自問した。その時の為に出て来た数少ないものの中に源氏物語があつた」と記している。日本の滅亡さえも危惧するなか（D・キーンは、「終戦ごろのある夕方、先生は太陽がハドソン河の向うで沈むのを眺めた時、日本の将来の象徴のように見えたそうである」〔『ニューヨークの一人の日本人』〕という角田の言を紹介している）で、日本が世界に残すものとして想起されたのは、『源氏物語』に代表されるわずかな文化だけであった。この一年前の『北米新報』掲載の「日本の美の伝統について」では、「戦にまけて悩み苦しんで居る自分の国の歴史」を思って、「どんなにか詩の国、絵の国の故郷をなつかしんだか知れない」という。これは敗戦国日本を想望しての懐旧の念だが、戦時中にあっては、なお『源氏物語』に象徴される「詩の国、絵の国の故郷」への想いは深かったにちがいない。軍国主義に席巻され、蹂躙されつつある現実の日本との対極にある、この「詩の国、絵の国の故郷」へのなつかしさは角田を日本につなぎとめる唯一のものであったと思われる。それこそが角田の日本への忠誠心の源泉だったろう。

五一年の「日本の美の伝統について」のなかで、「私は今でも時々日本の文化と合せて、美の伝統の育つて行つた歴史を顧みて、兎角憂鬱になり勝ちの自分を慰める」として、日本の文化・歴史に想いをはせ、「主として詩や絵に現れた日本人の美の感覚の発達をたどつて見ると、はるばると大きな川の流れを棹でくだる様な趣があつて、我ながらノビやかな心になれる」という。戦時中にあって角田の憂鬱はより深かったはずだが、その場合でも、「詩の国、絵の国の故郷」をなつかしみ、「日本人の美の感覚の発達」をたどって、「ノビやかな心」になることは多かったと思われる。「日本文庫」の蔵書は「詩の国、絵の国の故郷」を想望するにふさわしい場であったし、日本思想史や宗教史の講義を通じて繰りかえし「日本人の美の感覚の発達」はたどられただろう。

文化財調査への協力

日本とアメリカへの忠誠心の板挟みのなかで、角田がかろうじて良心の満足をえられたのは、通称ロバーツ委員会（「戦争地域における美術的歴史的遺跡の保護・救済に関するアメリカ委員会」）のなかで、実質的に活動をになった三グループ中の一つ、ハーバード大学グループへの協力であったかもしれない。ハーバード大学グループの中心は同大フォッグ美術館東洋部長のラングドン・ウォーナーで、角田とは戦前から面識があった。すでにふれたように、ＦＢＩファイル中の四三年一一月二四日付の動静報告で、ハーバード・グループから協力を求められていることを角田は語っていた。また、四五年二月九日付報告では、軍に協力して、日本のさまざまな地図作製に協力したことを語っていた。これら以外に、角田はこの協力について何も語っていない。

阿部善雄『最後の「日本人」』に、ロバーツ委員会で「調査委員ウォーナーが活躍したが、角田と富田幸次郎（ボストン美術館東洋部長）・白戸一郎（コロンビア大学日本語学者）らも自発的助力者として彼を助け、同年〔一九四四年〕七月には、軍用便覧として『民事ハンドブック　日本』の分冊「文化施設」や「特殊地図」（俗に「ウォーナー報告」という）が完成をみた」という記述がある。「自発的助力者」という点の論拠は不明ながら、この記述は先のFBIファイルとも照応し、角田の文化財調査への協力があったことは確かである。当初ヨーロッパ地域を対象として四三年八月に発足したロバーツ委員会が、アジアに範囲を拡げることになったのは四四年四月だが、角田への協力要請の打診は四三年一一月以前におこなわれており、非公式の準備が進められていたといえる。

吉田守男『京都に原爆を投下せよ　ウォーナー伝説の真実』は、この『民事ハンドブック日本』（一九四五年五月の改訂版）について「日本のおもな文化施設と文化財を一覧表として掲載した上に、京都・奈良・東京の略図と本州から九州までの全体図（計四枚の地図）を載せている」と紹介している。また、日本文化史の概略を序文として付けている。文化施設一覧のなかには、「日本文庫」とも関わりのあった岩崎小弥太や前田家の私設コレクションなども含まれており、角田の協力の形跡をうかがわせる。この文化財・施設のリスト・アップのための調査も、角田に「詩の国、絵の国の故郷」を想起させる契機になったかもしれない。

Ⅶ　三つのL（法・願・行）

「日本文化学会」構想未完の認識

　アメリカの勝利と日本の敗北に、角田柳作はおそらく安堵と寂しさの入り交じった複雑な感慨を抱きつつ、「中国・日本学部」の授業と「日本文庫」の充実に力を注いだ。戦場から「学問に対して非常な憧れ」をもって帰ってきたD・キーンらの学生たちから「余分の講義」を求められた角田は、「日本古典文学の授業だけで毎日二時間以上教え」るほどの熱心さでそれに応えた。キーンは「日本の将来を考えれば憂鬱になりがち」な角田にとって、「授業の重労働はかえって一種の気晴らしになったかも知れない」と回想する（以上、キーン「ニューヨークの一人の日本人」）。前述したように、日本思想史の授業では、敗戦後の民主主義を希求するなかで、近世の思想家たちのなかに角田は民主主義的な伝統の源泉を探ろうとした。

ロックフェラー財団などからの基金も得て、コロンビア大学の日本研究は全米トップクラスとなり、一九四九年にはジョージ・サンソムを所長とする東アジア研究所の設立に発展した。そうした日本研究の高揚を導くうえで、戦時中から戦後にかけての角田の献身的な教育が大きな役割をはたしたといって過言ではない。東アジア研究所創設前後のことを、四八年秋、国務省から戻ったヒュー・ボートンは、「古代と中世の歴史教育を専門にしていたサンソム卿を筆頭に、日本の思想と宗教の角田柳作氏、美術・言語・詩歌のハロルド・ヘンダーソン氏、日本語のイチロウ・シラト氏らとともに、私は初めて自分が特に興味をもつ分野である日本現代史に集中的に取り組むことができた」(『戦後日本の設計者』)と書いている。

東アジア研究所の創設後、すでに七〇歳に達していた角田の授業負担は軽減され、「日本の思想・宗教史」のみを担当した。それでも東アジア研究所が中心となって一九五二年から始まった日米文化交流プログラムには角田も参画している。日本からの初年度の招聘者は、市川房枝・安倍能成・長谷川如是閑・長与善郎・木原均らであった。その後もコロンビア大学に招聘された湯川秀樹や伊藤整、永井道雄らとも親しく交友している。

日本研究が盛んになるにともない、「日本文庫」の充実も図られた。四〇年の時点で二万八千冊であった蔵書は、四五年には三万四千冊に、四八年には三万九千冊へと着実に増えている。また、四七年三月には、「主として足利、徳川時代の世相を反映する二大テーマたる劇場と廓とに取材せる所謂軽文学に属する」(『北米新報』四七年三月二〇日)黄表紙や洒落本などを展示した

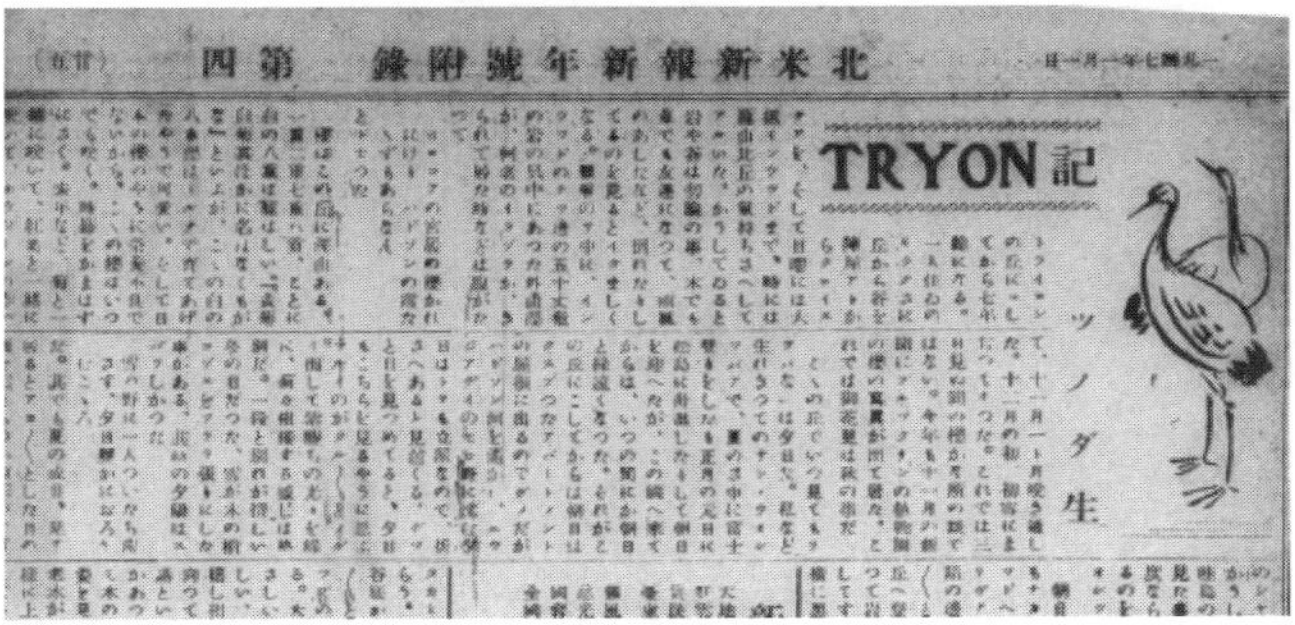
北米新報新年號附錄　第四

TRYON記

ツノダ生

ツノダ生「TRYON記」(『北米新報』1947.1.1)

尾崎行雄歓迎会のメンバー
左から塚田数平、湯川秀樹、
角田柳作、赤松三郎(1956年)

JAPANESE COLLECTION EXHIBITED

“COLUMBIA ALUMNI NEWS”1948年春
角田退職記念「日本の歴史と文化展」

「日本稀書の展覧会」が、四八年四月には角田の退職を記念した「日本の歴史と文化展」が開催されている。後者の開会に際し、「サンソム教授はコロムビアの日本語書籍が歴史研究に便利なやうに系統的にあつめられたのは、いつに角田氏の努力であると氏の功績を激賞した」（以上、『北米新報』四八年四月八日）。この時点で、「日本文庫」は全米で三大施設の一つと自負されていた（"COUMBIA ALUMNI NEWS" 四八年四月）。「日本文庫」主事としての停年も大学側の求めで、一年延ばされていた。

一九四七年四月、エール大学図書館で開かれた「オリエンタル・コレクション」に関する会議で報告されたところによれば、コロンビア大学の東アジア図書館の現況は「歴史、思想及文学等に特色があ」り、さらに「出来る丈け早く政治行政、外国関係及国際問題、経済財政等の分野に於ても資料の蒐集其の他の面を拡張しようと計画中」とされている（「アメリカに於ける日本及東洋に関する資料蒐集の情況—其二」、国立国会図書館国際事業部『海外図書館情報』第二号、一九五〇年一月）。

こうしたコロンビア大学における長年の日本研究への大きな寄与にもかかわらず、角田は日本文化学会の創設の際に抱いた当初の構想がまだ未完のままであると考えていた。かつての設立趣意書中の表現でいえば、「小形の博物館」「小規模の日本図書館」および「単科大学」はほぼ実現をみながらも、「或は図書の刊行に、或は通信に、或は招請に応じて弘く日本文化の説明紹介にあたる……文化情報局」については未着手という思いがあったと思われる。戦前に前田多門を館長とし、日米開戦を前に閉鎖されてしまった日本文化会館にその期待を託していたのかもしれない。毎日新聞の特派員高松棟一郎は五〇年三月二日付の『北米新報』に「角田先次のようにいう。

生と再三話あつたこと」として、『『日本文化会館』の再建を希望す」という文章を寄稿して、

角田先生の案は「ロータリー・クラブ」式のものをつくりたいといふことであつて、結構である。大賛成である。……これはロータリー・クラブでもよい、名はよい。実質的に一つのセンターをつくつていきたい、そこに行けば日米相互の理解がすぐ出来るようなたまりがほしい。……官僚臭を脱皮し、宣伝やその他の誤解を受けぬ日米の相互の理解のよりどころを一刻も早く設立されんことを望んで止まない。

角田自身がこれについて何も語っていないのは残念だが、以前に排日・移民問題を契機に実現に踏み出した「日米の相互の理解のよりどころ」を、大学とは別に、より広い場で必要とする認識は、日米戦争を通じてむしろ強まったと思われる。もはや角田自身でこの実現をめざすことはできないものの、「日米の相互の理解のよりどころ」を築きたいという強い念願は、「Library of American History and Biography」の構想を吐露させる。

「アメリカ文庫」設立の夢

これは、コロンビア大学の教職を正式に退く一九五三年、日本に行っておこないたい希望を

語るなかに登場するもので、「小さくともLibrary of American History and Biographyをもつて行つて、日本の同胞にアメリカのハナシをしたい。こちらの大学に日本の図書部を始めて二十五年も日本、日本といつて暮らして来たのだから、日本にアメリカのライブラリーを作つて、亜米利可、アメリカと云つて暮らすとトントンになる」(「日本へ行けば 米国史観の種々相」『北米新報』五三年一月一日)という。さらに六月にも「日本人に真のアメリカを紹介したい、……アメリカの歴史と伝記とを広く日本に紹介したい」(『北米新報』五三年六月四日)と述べる。七〇歳代後半になって浮上したこの「アメリカ文化会館」ないし「アメリカ文庫」の構想は、「日米文化学会」ないし「日本文庫」と一対になるものであり、角田の日米文化交流への志の深さと大きさを示すものとして、心底敬服に値する。

この構想は現実には夢物語に近いとはいえ、「真のアメリカ」を自らより深く理解するために角田は、教職から退くと、それまで以上に熱心にアメリカ研究に打ち込んだ。五四年一月一日の『北米新報』では、引退後、「まことに心も体もノビノビとしてきた。第一好きなものを勝手に読んだり、読み返したりするヒマがあるので嬉しい。この頃は主に米国の史伝ものを読んでる」として、米国史に関する著作五つを紹介している(「米国史五題」)。

さらに「真のアメリカ」を理解するためには、イギリスを学ばなければならないとして、五〇年には五月から九月にかけて、オックスフォード大学の夏期講座などに参加している(五一年の日本帰国前にもイギリスで三カ月過ごしている)。かつての福島中学時代の教え子斉藤勇への信書には、「日本に帰れば米国のことをいろいろ聞かれるに相違ないが、米国についての

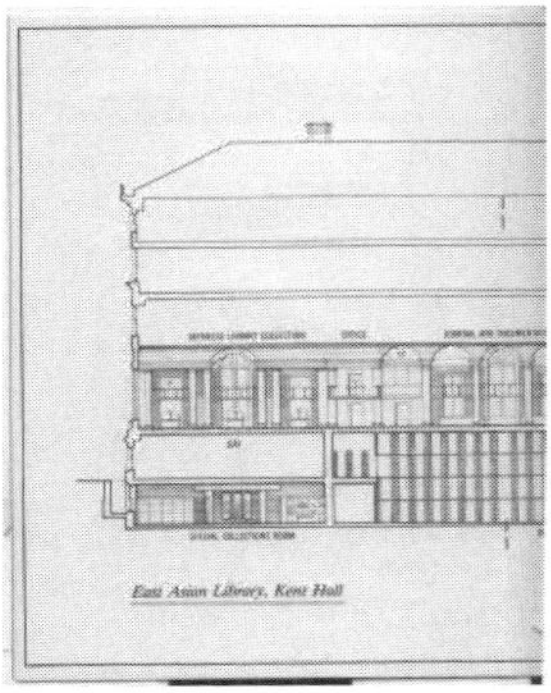

コロンビア大学東アジア図書館　「日本文庫」読書室

NEW YORK HERALD TRIBUNE, SUNDAY, MAY

After 22 Years

Columbia's First Japanese Faculty Member Retiring

Ryusaku Tsunoda came to this country from Japan thirty-six years ago to find the meaning of "Americanism." Today, at the age of seventy-six, after traveling through most of Europe and Asia and "walking much through this country," Mr. Tsunoda feels that he has found it "in the great possibility here for a man to change and become better than he was before."

Mr. Tsunoda discussed his ideas on world history, religion, and the similarities between Japan and America at his desk in Low Memorial Library on the Columbia University campus. At the end of June he will retire after twenty-two years at Columbia.

Born on Farm

The small, white-haired man was born on a farm in Shikishima, a small town in central Japan. The youngest of seven children, his father destined him to be the scholar of the family, and when he attended Waseda University at Tokyo in the last quarter of the nineteenth century the teaching was primitive, but, he said, "I was a country jack, and I loved it."

courses in the university, and I learned more from my great number of English-speaking students than they could ever have learned from me."

"The contrast was painfully keen at first," he said, between the histories of Japan and the United States. "But I see now there are underlying similarities. We, too, had our frontier period and we tried to follow what was once called here 'Manifest Destiny.'"

He characterized world history as a search—in ancient times for a government of law, in medieval times for a religion of love and in modern times for the integration of labor. "Here in America, there is a unique balance between all of these forces. It is nowhere else so balanced. And here, like in the teachings of Christian and Buddhist religion, a man is able to convert, to live a better life. Here he has a chance."

Mr. Tsunoda, who has two sons, three daughters and twelve grandchildren, is not sure whether he'll return to Japan. "It may be the part of wisdom, you know, to stay here and do little."

Morris Warman

Ryusaku Tsunoda

GOLDSMITH'S

"NEW YORK HERALD TRIBUNE"1953.5.17

知識だけで米国を解釈し説明することには同意できないので、英国を十分よく見ておかなければならないと思う」(斉藤「角田柳作」『斉藤勇著作集』別巻「なつかしき人々」所収)と書いてあったという。ニューヨークに戻った角田は、「英国滞在中は主としてエデンバラ、オックスフォード、ケインブリッジ等有名な大学都市を訪い、また史蹟、英文学の発祥地等を歴訪、フランス、オランダ等も立寄り、非常に有益な旅だった」(『北米新報』五〇年九月八日)と語る。

「日本の同胞にアメリカのハナシをしたい」という希望の一端は、最後の日本滞在となる一九五五年に果たされた。その一つが、日米協会の文化交流委員会プログラムの一つとして、東京の国際文化会館においておこなった一二回におよぶ「アメリカ思想史連続講義」である。ヒュー・ボートンによれば、これは「角田柳作の提案による」もので、「講義は好評だった」という。ボートンは「この企画を委員会が後援したのは、コロンビア大学における角田教授による日本研究の基礎作りの功績がいかに甚大なものであるかを、本人に伝えたかったからである」(以上、『戦後日本の設計者』)とも述べる。松本重治を中心に設立された東京国際文化会館自体が、角田の構想する「Library of American History and Biography」ないし「日米相互の理解がすぐ出来るようなたまり場」的な機能を有していた。国際文化会館は、日米文化学会の最大の後援者となった岩崎小弥太の邸宅だったところに建てられており、角田にとってJ・グリーンとともに訪れたことのあるなつかしい場所だった。その松本および田中耕太郎・嘉治隆一が角田を囲んだ座談会は「アメリカの真実を認識せよ」と題されていた(『心』五五年八月)。また、早稲田関係者との座談会も「角田柳作氏にアメリカを聴く」となっていた(『早稲田学報』五五年七・八月）。

さらに九月には、母校前橋中学校の後身である前橋高校で「人の世の光」と題した講演を、一一月には東京福島県人会で「回顧在米四十七年」という講演をおこなっている。

そして、五四年に渡米中の斉藤勇の「一つは日本人のため日本語のアメリカ史を、もう一つはアメリカ人のため英語で日本史を」という懇請に応えて、角田は人物伝によるアメリカ史を構想した。おそらく前述の国際文化会館における「アメリカ思想史連続講義」は、この構想とも関わりがあったと思われる。しかし、執筆はなかなか進まなかった。最晩年の六三年八月、斉藤宛に「アメリカのことを怠っているのではありませんが、どうもこれがわたくしの半世紀以上も居つづけた国に対する最後の言葉になるのかと思ふと、書くことが不満足で、いくら書き返しても、満足することができません。それで居て、そんなら休めるかといふと、どうしてもやめる気になれず、何か書きのこさなければならないやうな思が一杯なのです」（以上、前掲斉藤「角田柳作」）と心境を述べている。

「人物アメリカ史」構想の一部として、フランクリン、リンカーン、セオドア・ルーズベルト、フランシスコ・パークマンらについての原稿・メモが遺稿として残された。このうち、もっともまとまったものとしてパークマンの原稿が斉藤の手によって『アメリカ研究』第三号（一九六九年）に発表されている。「アメリカの森とアメリカの印度人、すなわち森の住民がその最後の悲命に接する時の歴史」を描き、歴史に必要な考証・批判・文学的叙述という三つの条件を「最上級に兼備して」いると、角田はパークマンを高く評価する。『森の歴史』を最初に読んだときには、『平家物語』にあるような哀調を感じたというように、パークマンが「敗れた側を中心に書いていること」と「非常に高い Hero-worship」があることにもっとも引かれている。そうした心情は、「フミニジラレた印度人、アツエツクやインカの亡国談」(「PERIPATOS」『紐育新報』一九四〇年一一月一三日)への共感とつながっている(戦前にすでに角田はパークマンを読んでいる)。

日本再生の希求

アメリカ史への関心は、敗戦国となった日本の再生への願いと連なっていた。「アメリカ文庫」の構想を表明した五三年一月一日の「日本へ行けば　米国史観の種々相」では、次のように述べるのである。

私は米国史を Saga of human regeneration と考えるのである。宗教が皆一斉に教へてゐるように、人間は更生、新生、再生が大切である。人は一度生まれたゞけではたりない。しかし、古い歴史の国では更生、新生、再生の機会を与へない。只宗教がリップ・サアヴイスをするのみである。米国は其点に於て世界に類のない新生再生を可能ならしむる国であつて、其歴史、伝記は殆ど全部更生、新生の記録、礼讃でないものはない。私はこの更生新生の可能なことを、故国の同胞と語り合ひたい。

五五年の講演「人の世の光」（角田儀平治『角田柳作先生遺訓』）では、「無条件の降伏は悲しいことではあるが、その底からして大きな国民が芽生えてこないと云うことはない。或はそれが大きな復活の機運になるかもしれない」と語っていた。実はアメリカを知るためにイギリスを学ぶことは、同じ小さな島国として「これからの日本の国を建てなおして行く」ヒントをえるためでもあった。高校生たちに角田はイギリスから学んだものとして、「最後まで生き残る身体をつくること、そして自分の心の奥にもっていることは世界のはしに達するほど明らかにいゝ表わすこと、そうして考える事は、思いつき、気まぐれではなくして数学の土台にたつことの三つ」（以上、「人の世の光」）を熱心に語りかける。

コロンビア大学の教職を退任するにあたって、日本に行ってやりたい抱負の二つは先の「真のアメリカ」の紹介とアメリカの歴史と伝記の紹介であったが、残る二つは「日本の初等教育の再建を外国語教授を通じて援助したい」ということと、「過去四世紀に亘る日本の短歌、俳句等を通じて『詩の民主義』を再検討してみたい」（『北米新報』五三年六月四日）ということだった。三〇年以上も前の「二個国語本位教育論」を連想させる前者は、おそらく「インターナショナル・マインドの養成」を教育再建の基軸とすべきという意図をもっていただろう。後者は、まもなく『日本の伝統の源泉』で一つの結実をみるが、すでに戦後の講義において論及されていたと思われる。そして、四つの抱負すべてが、日本のよりよい再建と再生のために、すなわち「大きな国民」を育てることに向けられていた。

そうした意識に角田を導いたのは、戦前・戦時中からつづく「詩の国、絵の国の故郷」への想望であったはずである。五一年一月一日の「日本の美の伝統について」では、「戦にまけて悩み苦しんで居る自分の国の歴史」に思いを馳せている。「イックシム」＝「愛」として、この文章は「日本は今でも私のイツク島である」と結ばれる。

その「イツク島」のおかれた現状に角田は関心を向けていく。まず、「今日の日本人は右の手を伸ばしても、左の手を動かしても、そのさきがみな米国であり、頭の上にも米国がある」（「回顧在米四十七年」）という状況がある。この点で、「真のアメリカ」を知ることは急務・不可欠であった。それ以上に、戦前と戦後を通じて、角田の念頭を去らなかったことは、日本の社会や文化それ自体の命運であった。永井道雄によれば、角田は「今日のアメリカに代表される西洋の文明には、つねに発展し、そのそとに立つ人々を同化する不思議な力があります。しかし、この力をもつもう一つの文明は中国のそれでしょう。そのあいだにたつ小さな日本には、どちらかにまきこまれ、消えさってしまう危険さえあるのではないでしょうか」（永井「日本をたずねる生涯の旅　角田柳作」『異色の人間像』所収）と語ったという。「東西文明の調和」の可能性を追い求めつつ、常に角田はそこに日本の貢献しうる何かを模索しようとしていたが、二つの巨大文明に翻弄される日本の行く末に心許なさも感じていたのだろう。

四九年一一月、ノーベル賞を受賞し、当時コロンビア大学の客員教授であった湯川秀樹を囲む座談会で（もう一人の出席者はコロンビア医科大学教授の大谷節夫）、角田は「アジアのほかの国に比較して教育が進んでいる」という日本の長所を生かして、「数は少くとも、質のよい学者や職業人、それもほんとうに需要されるものを、東亜諸国、たとえばインドとか南アジアなどに送れぬだろうか」（『朝日新聞』四九年一一月五日）と提言する。武力による侵略ではなく、また無秩序な移民でもない、日本が国際社会に貢献できる道を模索しているといえよう。

角田は敗戦後の日本の現実に無批判であったわけではない。四八年一〇月五日に東アジア図書館を訪問した石垣綾子の日記に、角田の語ったこととして「アメリカは、日本が東洋において行おうとしたことを、そのまま真似ている。そっくりそのままだ。自分の国に帰っても、自分の思うことが喋れない間は帰りたいとは思わぬ」（『石垣綾子日記』上巻、一九九六年）とあり、アメリカへの痛烈な批判とともに「思うことが喋れない」日本の現状に不満を抱いていたことをうかがわせる。家族と長い間離れていることや「日本文庫」の一層の整備拡充ということからすれば、帰国は四八年前後になされていても不思議ではないが、角田は自らの意思として帰国を望まなかったのである。

「日本は今でも私のイツク島である」からこそ、アメリカに追従する日本には苛立ちがつのる。しかも日本が追従するアメリカは「真のアメリカ」ではないという観測は、五一年と五五年の二度の帰国滞在によって、確信になっただろう。五五年の座談会「アメリカの真実を認識せよ」では、「本当にアメリカを研究していないような気がする。頭からアメリカを馬鹿にして得意がってるものもある。一部だけ掴《つか》まえて、総てを判断するといつた行き方も多いよう」だ、と発言する。戦争の惨害をもたらした「木造文化」日本の「巨石文化」アメリカに対する無理解と無知が、戦後もそのままつづいているという思いが角田の胸中にふくらんだだろう。

五五年一〇月、角田はニューヨークに戻って、仏教会の教育集会で「十三年振りの日本」と題した講演をおこなっているが（内容不明。『北米新報』五一年一〇月四日）、そこでは軽薄で表層的なアメリカ文化におぼれる日本の現状に嘆声が発せられたのではないだろうか。

「アメリカニズム」の理解

一九一七年に角田がハワイからアメリカ本土にやってきたのは、「アメリカニズム」を学ぶためであった。その後、およそ四〇年近いアメリカ滞在を通じて、角田の到達した「アメリカの本質」とは「社会的な調和」ということであった。これは、五三年の教職を退職するにあたって、語った言葉である（『ニューヨーク・タイムズ』一九五三年五月一七日）。角田は「アメリカニズム」について、次のような個人的な見解に到達したという。

アメリカについて学んだ最大のことは、融和という物語である。私の故国と異なって、ここでは個々の人々の間だけでなく、社会をかたちづくる政治や宗教や産業の諸勢力の間でも、すばらしく調和が保たれている。アメリカ人が自分たちのことを実利的な国民と考えるのは、その通りだし、そこには緊張や危険な気性もある。しかし、実際に歴史において示してきたことは、社会において調和が可能であるということである。私は日本に帰る時には、このことを、そしてアメリカの生活には大きな可能性があるということを話すつもりである。

当初抱いた「此国は若くて大きくて、金持ちで、元気で、ノツボウでベラボウな国」（『紐育新報』二〇年七月三日）という印象に加え、早くから「プログレシズム」（アンケート「米人に就き学ぶべき特長は何ですか」『紐育新報』二四年一二月三一日）という特長に注目していた角田は、「この国中を歩いて」、およそ三〇年後に、再び「ここでは、人は変わり、向上する可能性が大いにある」ことがわかった、と述べる（『ニューヨーク・ヘラルド・トリビューン』五三年五月一七日）。この「社会的な調和」や向上の可能性を「アメリカニズム」の本質とみなすことは、前引のようにアメリカを「世界に類のない新生再生を可能ならしむる国」（「日本へ行けば」）とする理解とつながっている。五五年の講演「回顧在米四十七年」（『学校事務』一九五六年一月　小池藤八による記述）では、「米国の哲学はヤリソコナイ、シソコナイの哲学とさえ自称して居る」として、「我々が本当に知らねばならぬことは米国人の欠点にあらずして米国人の強みであり、米国の強さである」という。

また、四九年一一月の湯川秀樹を囲む座談会で、角田は「戦争中を通じて、米国とヨーロッパの働きを見ていると、ヨーロッパとアメリカとが、非常に近い」として、「戦前日本などでは、米国をただ米国だけと見て、米国を米国プラス・ヨーロッパといふやうに見ていなかったのではあるまいか」と発言している。先の座談会「アメリカの真実を認識せよ」での「本当にアメリカを研究していないような気がする」という発言と通底するもので、アメリカの奥深さを角田は再認識している。

河上民雄によれば、角田は一九六三年頃、アメリカの貨幣に必ず刻まれている「自由」「神を信ず」「衆をもって一となす」について、「いつごろいかようにして採用され、いかにアメリカの精神を代表するか」について、興味深い説明をしたという（「角田先生を偲んで」『週刊東洋経済』六五年五月二二日）。角田は最後まで「アメリカの精神」に関心をもちつづけた。

そして、角田はこのようにアメリカへの観察と思索を深めるなかで、もう一つの見解に達する。日本とアメリカの歴史は「最初はとても対照的である」（『ニューヨーク・ヘラルド・トリビューン』五三年五月一七日）と考えていたが、その底には共通のものが存在することを見出したというのである。おそらくここで角田の念頭にあるのは、「仏教の殆ど神髄と思われるような事柄が、アメリカの歴史には出ている」（座談会「アメリカの真実を認識せよ」、このことは『The Review of Religion』第二一巻第三・四号〔一九五七年三月〕に発表した" Reflections on Buddhism and Its Problems "で詳しく論じられる）という比較史から導かれた理解である。『北米新報』五〇年一月一日に寄稿した「ナニがナンだか」でも、「一見正反対のやうな米国と日本の歴史も根本の類似があるといふことに気がつきだした」と述べていたが、その真意は「結局人間は似てない様でも、根本的に似て居て、政治、宗教とウワベはちがつても根本的の要求は同一」というところにある。

角田にとって、ハワイ時代以来、「アメリカニズム」の探求とは、日本とアメリカに代表される「東西文明の渾融」を実現するための入り口と位置づけられていたが、ここに一つの結論に到達した、といえる。その地点から、アメリカの文化・社会との相違は大きいものの、そこには「社会的な調和」や向上の可能性などの学ぶべきことが数多くあり、しかも「米国と日本の歴史も根本の類似」があるゆえに、それらは十分に獲得できるし、調和しうる、ということを日本・日本人に訴えかけようとした。

敗戦後の日本の現状に不満をもっていたと同じく、アメリカの現実にも批判を有していた。たとえば、五五年には「そのリーダー・シップというものには相当不手際な点が沢山あるように思うんで、その点はアメリカの方に可なり反省しなければならない点があるんじゃないかと思う」（「アメリカの真実を認識せよ」）と述べているが、これは先の石垣綾子に語ったことと重なる。

三つのＬ（法・願・行）

主に仏教を中心としながらさまざまな宗教を学び、日本やアメリカなどの歴史と文化について考えるなかで生み出された、角田の戦後の哲学といえるものが、「法」＝LAW、「願」＝LOVE、「行」＝LABORという三つのＬ論である。早くも四八年五月の日本人メソジスト教会における講演「日本の仏教」では、まず仏教の本質として、『法』の精神は無我、即ち自分勝手な我が儘をなくするところにある。而して我々は一体何をもとめてゐるか？　これが明瞭とならねば人生の目的も立たない。こゝに『願』があり、命がけで願ふ『本願』がある。労働、奉仕、即ち『行』によって人生の建設があ」（『北米新報』四八年五月二三日）ると論じられた。この三Ｌ論は、仏教にとどまらず、宗教の普遍的な特質ともとらえられた。

ついで、歴史がこの三つのＬによって解釈される。古代においては「法に基く政府を作る」ことが眼目であり、中世では群雄割拠の分裂に対する「本願」（愛）＝宗教による統一が希求される。近代では労働（行）のうえにいかに経済生活が発展していくかが問題となる。すなわち、「ロウとラブとレーバーは文化にあたり、政治、宗教、産業生活というものが文明というものにあた」る、とするのである（座談会「角田柳作氏にアメリカを聴く」）。そしてこれらは「世界の歴史の根本」として、どの歴史もこの「三段の順序を経て進歩している」（「人の世の光」）とする。このような三Ｌによる歴史観は、たとえば「日本の中世に発達した愛の宗教はほかのところに出た愛の宗教とどれだけ幅が広く、奥が深いものか」（「角田柳作氏にアメリカを聴く」）のように、各国の歴史との比較において、有効な切り口となる。

以上のような独特な宗教・歴史観を融合して、三Ｌ論は次のように集約される（『角田柳作先生遺訓』）。

人の世の光は三つのエルからなる。ロウ（法）と、ラヴ（愛）と、レイバア（行）と。法は政治の本、愛は宗教の心、行は産業の骨である。政治と宗教と産業は文明になくてはならぬものだが、同じように法と愛と行とは文化にかくことは出来ない。法があっても愛がなければ政治は圧政となり、行がなければ無政府になる。愛があっても法がなければ悲劇を作り、行がなければ喜劇になる。行があっても法がなければ闘争になり、愛がなければ苦役になる。法と愛と行とが因縁和合する時に三つのものが世の光になる。

つまりこの法・願・行の三Lが、それぞれの国家社会においても、一人ひとりの人間においても、「互いに関係し合ってこそ意味のあるもので、分離し、撞着し、闘争するのは間違いである」と論じ、緊密な「相対性」の関係のうえに、「はじめて本格的な文化、或いは文明というもの」が成立していくとする（「角田柳作氏にアメリカを聴く」）。実は前述したようなアメリカの強さの源泉も、この三Lによる「文明のトライポッド」（「アメリカの真実を認識せよ」）ができている点に求められていた（さらに、この三Lに「土地（land）の温帯性」と「指導者の代表性（leadership）」の二Lを加えて五Lとする）。また、人が「世の光」となるためにも、「相両立し、相補い、代りあうことも出来るようなロウとラブとレイバー」が不可欠とされた（「人の世の光」）。

このような宗教哲学とも歴史哲学ともいえるユニークな三つのL論は、もちろん唐突なものではない。たとえば、戦前の文化二元論・多元論は、この構成要素の一つであろう。また、「結局人間は似てない様でも、根本的に似て居て、政治、宗教とウワベはちがつても根本的の要求は同一」という捉え方も、三L論と結びついている。長年にわたるアメリカ生活のなかでの、宗教・文化・歴史・社会などの見聞と観察、多元論にもとづく持続的な思索が、角田哲学とも呼ぶべき、こうした個性的な論をもたらしたといえよう。

晩年と死

一九五五年に日本を訪れて以後も、角田の勉学と思索の日々はかわらなかった。五八年には、ドバリーが中心になって、『日本の伝統の源泉』が刊行された。六一年~六二年度には、休暇のD・キーンにかわり、「中国・日本学部」で「古典文学読解」と「明治文学」を担当した。キーンによれば、「八十五歳でも新しい講座を喜んで引受けて、元気よく教鞭をとっている」（「ニューヨークの一人の日本人」）。さらに六二年六月から翌六三年四月まで、ハワイ大学に創設された「東西文化交流研究センター」の招待を受け、研究に従事している。八〇歳代後半になっても、完璧を求めるために執筆ははかどらないものの、「人物アメリカ史」の構想の実現をめざしていた。最晩年に親交のあった伊藤整は、「元気な、若々しい頭の働きを見せ、座談の活発な人だった」（「角田柳作氏のこと」『毎日新聞』一九六四年一二月五日）と回想する。

一九六〇年には、日米修好百年に際し、日本政府から勲三等瑞宝章を授与された。そして、六二年一〇月六日には、角田のことばによれば、「コロンビア大学でも日本、支那を始め、亜細亜の研究がさかんになって来たので、凡ての研究を一堂にあつめることゝなり、それを機会に祝賀式を催し、わたしが長く其方に関係した」（角田恵重宛書簡、六二年一〇月二一日付　角田恵重「角田柳作先生」『近世群馬の人々（1）』所収）という理由で、コロンビア大学から「名誉文学博士号」が授与された。ドバリーとキーンに付きそわれて、ガウン姿の角田がカーク総長より名誉学位を授与される姿やお礼の挨拶の場面が写真で残されている。「凡ての研究を一堂にあつめ

ニューヨーク日本人会の日米修好100年を祝うパーティ（1960年）

ケント・ホールに移設拡充した
東アジア図書館

る」とは、創設以来ロー・メモリアル図書館にあった「日本文庫」を、「中国文庫」や他の学内の東アジア関係の図書類とともに、ケント・ホールに「東アジア図書館」として移設拡充する、ということである。角田自身が、日本人を前にしたスピーチで「日本研究に関するかぎり、コロンビア大学の図書館は、日本のたいていの大学に負けはしない」とまで語ったというのは、このときのことである（永井「日本をたずねる生涯の旅―角田柳作」）。

六三年四月には、ハワイから日本への帰国を予定していたが、実現しなかった。このころから角田は体調を崩して病気がちとなり、ワシントンD・Cの次女宅に滞在することが多かったという。翌六四年一〇月、名古屋の長女宅に帰るつもりで、再入国の申請を当局におこなっているが、そこでは帰国の期間は一年半を予定し、「家族の訪問と調査に従事」を目的としていた。この一〇月中旬の段階では、再びニューヨークに戻る意思もあったと思われる。ところが、その直後病が重くなり、最後の旅となることが予想された。ハワイ経由で、帰国することになったが、ハワイ到着後すぐに入院し、そこで一一月二九日死去した。一二月一日、ホノルルで葬儀が、一一日、東京の築地本願寺で追悼会がおこなわれた。コロンビア大学では、一五日、聖パウロ礼拝堂で追悼礼拝がおこなわれ、弔旗も掲げられた。

「中国・日本学部」学部長のドバリーは、その追悼の弔辞の冒頭で、「角田先生にとって、ハワイでの逝去はふさわしいものでした。そこは先生が最初にアメリカに第一歩を記した土地であり、ご家族も友人もかつての教え子たちもいるところでした。……アメリカから日本への旅の途上での逝去も、先生にふさわしいものでした。先生の身体も心も、そして魂も、祖国とア

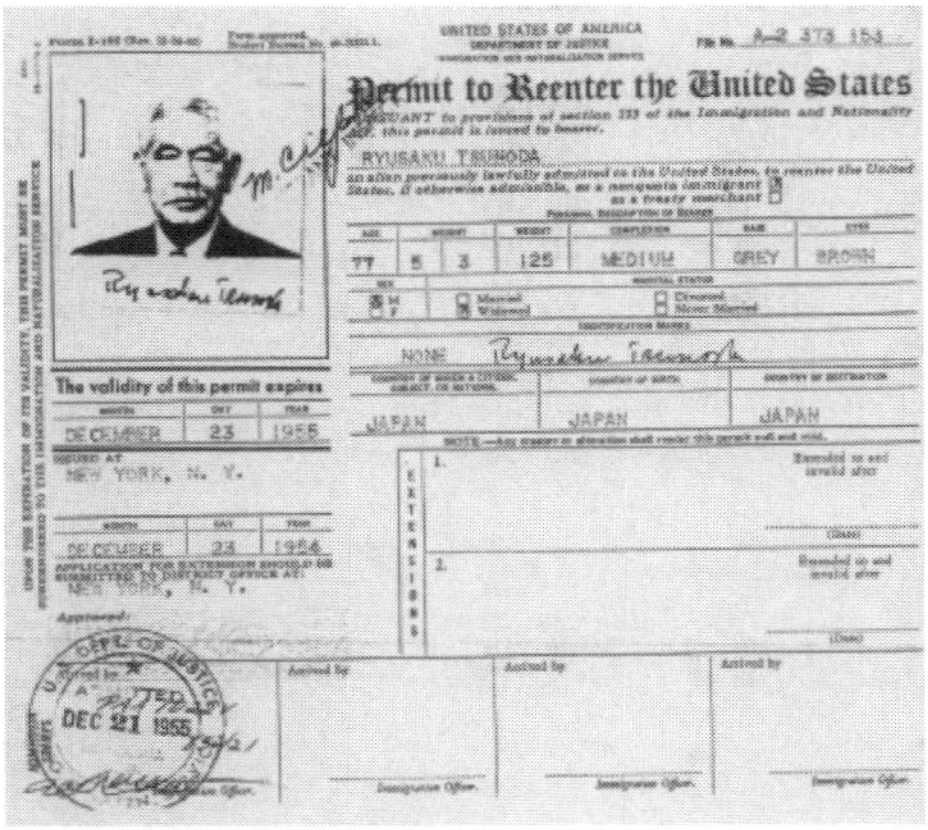
UNITED STATES OF AMERICA
DEPARTMENT OF JUSTICE
IMMIGRATION AND NATURALIZATION SERVICE
File No. A-2 373 154

Permit to Reenter the United States

PURSUANT to provisions of section 223 of the Immigration and Nationality Act, this permit is issued to bearer,
RYUSAKU TSUNODA
an alien previously lawfully admitted to the United States, to reenter the United States, if otherwise admissible, as a nonquota immigrant ☒ as a treaty merchant ☐

Age	Height		Weight	Complexion	Hair	Eyes
77	5	3	125	MEDIUM	GREY	BROWN

Identification marks: NONE

Country of which a citizen, subject, or national	Country of birth	Country of destination
JAPAN	JAPAN	JAPAN

The validity of this permit expires

Month	Day	Year
DECEMBER	23	1955

Issued at NEW YORK, N. Y.

Month	Day	Year
DECEMBER	23	1954

Application for extension should be submitted to district office at: NEW YORK, N. Y.

DEC 21 1955

VISA関係資料　1955年(FBI資料)

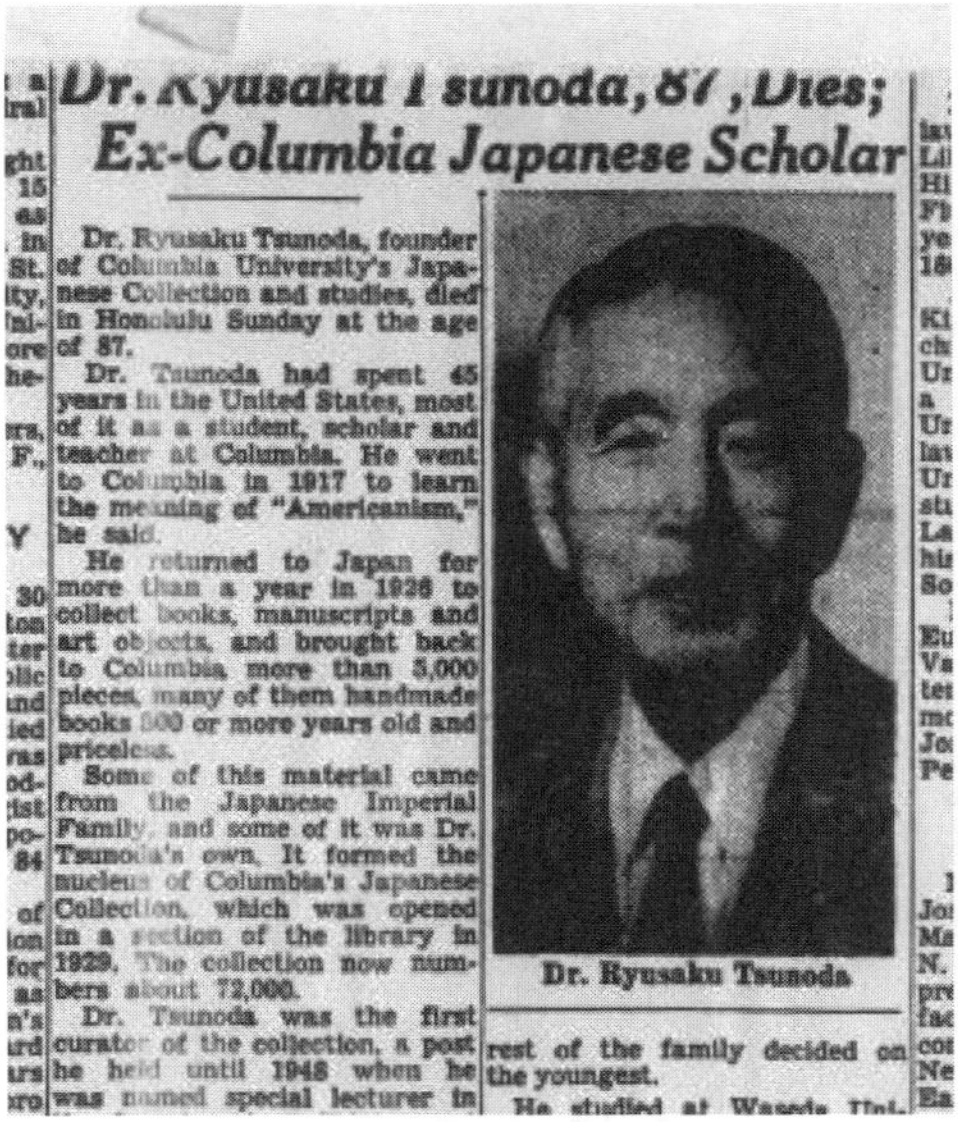
Dr. Ryusaku Tsunoda, 87, Dies; Ex-Columbia Japanese Scholar

Dr. Ryusaku Tsunoda, founder of Columbia University's Japanese Collection and studies, died in Honolulu Sunday at the age of 87.

Dr. Tsunoda had spent 45 years in the United States, most of it as a student, scholar and teacher at Columbia. He went to Columbia in 1917 to learn the meaning of "Americanism," he said.

He returned to Japan for more than a year in 1926 to collect books, manuscripts and art objects, and brought back to Columbia more than 5,000 pieces, many of them handmade books 300 or more years old and priceless.

Some of this material came from the Japanese Imperial Family, and some of it was Dr. Tsunoda's own. It formed the nucleus of Columbia's Japanese Collection, which was opened in a section of the library in 1929. The collection now numbers about 72,000.

Dr. Tsunoda was the first curator of the collection, a post he held until 1948 when he was named special lecturer in

Dr. Ryusaku Tsunoda

rest of the family decided on the youngest.

He studied at Waseda Uni-

角田の死を報ずる『ニューヨーク・タイムズ』の記事（1964.12.1）

メリカに設けた家との間をいつも旅しつづけていたのではないでしょうか」と述べた。ホノルルの葬儀で弔辞に立った教え子で、ハワイ大学東西文化交流研究センターの篠田実は「二つの文化に深く、しっかりと根をおろす人は非常にまれであります。角田先生は二つの文化を有したまれなひとでした」（以上、『RYUSAKU TSUNODA SENSEI』）という。また、仏教学者の中村元も、「万人から敬愛され、身を以って東西のかけ橋となられた角田柳作博士——、その生涯は精神的に豊かで幸多きものであった」（「角田柳作博士を偲ぶ」『仏教タイムス』一九六四年一二月一二日）と追悼する。

角田の死去を日本の新聞は小さく報じた。たとえば、一二月一日の『朝日新聞』には「角田柳作博士（元米コロンビア大学付属日本図書館長）」として、「同博士は早稲田大学の出身、コロンビア大学日本・中国学部の講師をつとめ、二十数年にわたり『日本宗教史』『日本文学史』などの講義をつづけ、六一年功績を認められ、コロンビア大学から名誉文学博士の称号を受けた。日本の学界でも著名」とある。一方、『ニューヨーク・タイムズ』（六四年一二月一日）は、「コロンビア大学の『日本文庫』および日本研究の創設者」として写真入りで大きく取りあげている。

その後、コロンビア大学関係者を中心に、日本とアメリカに「角田柳作記念基金」が設けられ、一九六六年には『RYUSAKU TSUNODA SENSEI』が刊行された。簡略な年譜と著作目録とともに、葬儀・追悼式の弔辞（ドバリー・篠田実・斉藤勇）のほか伊藤整・中村元・河上民雄の追悼文、D・キーンの「ニューヨークの一人の日本人」の英訳が収録されている。この追悼集の内表紙には、あざやかなコロンビアン・ブルーがつかわれている。印刷を含む刊行に尽力したのは、次女の夫であった。

日本への帰国を前にして一〇月、角田は次のような七言絶句の詩（英文では「一九六四年秋」）を読んだ。これは『RYUSAKU TSUNODA SENSEI』に英訳とともに収録されているほか、直筆はコロンビア大学ケント・ホールの東アジア図書館地下の貴重書庫に掛けられている。

乾坤有餘樹孤筇
且悦青空連東海
鵬翼一夜七千里
清風明月帰去来
　昭和庚申仲秋　柳兮

乾坤は孤筇《こきょう》を樹つるに余りあり
且悦ぶ青空の東海に連なるを
鵬翼は一夜に七千里
清風明月帰りなんいざ

いつも「故郷忘じ難し」の念を抱いていた角田にとって、五五年以来、九年ぶりの帰国となるだけに、そして最後の旅となるであろうことを覚悟するだけに、感慨は深かっただろう。この漢詩から広がる明るさやすがすがしさからは、生涯をかけた日本とアメリカの相互理解への角田なりの満足感や充実感さえうかがえる。八七歳の生涯であった。

資料

1 角田柳作「The Japanese Culture Centreの創立に就て」（一九二六年一〇月）

（「本邦ニ於ケル文化研究並同事業関係雑件」、外交史料館所蔵）

The Japanese Culture Centre の創立に就て

角田柳作

一九〇九年に初めて故國を去り、布哇に於て同胞の教育事業に關係すること八ヶ年、一九一七年に大陸に渡つて紐育日本人會の事務所を預つてから八ヶ年、その間初中終、どうかして米國文化の只中にThe Japanese Culture Centreといつたものを創立したい、といふ一念が私の心頭を徂徠して居りました。この度愈々日本人會を辭し、この創立に餘生を傾くる覺悟をきめましたのは、私に取つては自業自得引くに引かれぬ、止むに止まれぬ、全生涯必至の結論で御座います。

The Japanese Culture Centreとは、簡單に申さば日本二千有餘年文化の眞相と、其文化が他國異種の、特に西洋の、又特に米國の文化と接觸せる際に起つた問題の眞相を、明らかにする爲めに、第一に根本資料の蒐集整理展覽、第二に其調査研究報告等を使命とする機關で、資料の蒐集展覽といふ方面からは一種小形の日本博物館、展覽會、陳列所で、邦文のものは勿論、世界各國語で出版せられた日本及び日本人に關する圖書の整備といふ方面からは小規模の日本圖書館、また相當包括的に組織的に調査研究を繼續する点からは變態の單科大學、常例講壇を設けて調査研究の結果を公演する点からは宗教宗派を超越せる特種の教團、或は圖書の刊行に、或は通信に或は招聘に應じて弘く日本文化の説明紹介にあたるといふ側からは文化情報局と申せぬ事もありません。

國家は人民と土地と主權の集合である樣に、文明は政治と經濟と文化の持寄せだと申します。この後の三つの中で、政治は必づ國家本位に、經濟もまた關係者の自己中心になり易いのに、文化のみは其根を國家民族の歷史に托しながら、其精華は優に國境を超越して世界的人類的の旨趣を帶ぶる。其か、あらぬか、國家文明の交會接觸する場合には、文化は必ず國家國民の政治的經濟的活動と相須つて、國交を深厚にする上に特別の働をする。從て歐米各國が交りを海外に求める際には、屹度文化を先頭に立てる。尠くとも經濟政治と相伴はしめて、政治的關係の時に切迫し、經濟的利害の往々撥離するのを、緩和し補綴し修理することを忘れない。かうした消息は米國に在つて歐羅巴諸國の對米文化施設の常に大規模にして且徹底的なのを目擊さるゝ方の疾くに氣付いて居る所でありますが、扨て翻て歐米、特に米國が開國以來我日本に對して施設せる文化事業を仔細に點檢したならば思半ばに過ぐるでありましやう。敎育事業、社會事業、宗敎事業、圖書出版、新聞雜誌の刊行、米國留學生の奬勵保護等一言には日本國内に米國的文化網を張るとでも申す程の情勢で、最近の一例は乃ち震災後日本の大學が圖書の蒐集を企てた時に、ロックフエラア一家の二百萬弗の寄附は申すも愚か、各州各地の大學各方面で競うて懇誠を寄せ、移民法の通過から起つた國交の離隔を調撫せんとした。

今この方面から日本の對外施設、ことに米國に對する施設を見れば絕無でなくとも稀有僅有で、其稀有のものさへ三角形式で多角的ではない。政治的には傳統的親善を口にし、經濟的には唯一で唯二に下らざる關係を有し、移民の方さへ布哇を含めれば其數二十五萬に達し、既に第二世問題さへ惹起せられ、内外結婚さへ紐育方面でも五百を數へるといふ程なのに、之に適關し、之に對應する文化的施設の寂寞貧弱は實に言語同斷であります。勿論文化事業の本質的價値は單に政治經濟と相須ち相輔けて國交を深厚ならしむるにあるのみではなく、却て幾干米國文化の集大成に貢献し、裨補する所に見出され可きである。改めて申迄もなく今日世界に國を樹てゝ居る雄國で、單に自國傳統の文化を保守保存するのみに滿足して居るものは一國もない。若しありとすれば、さういふ國は久しからずして孤立し衰頽し滅亡する。從て現在世界の各國は皆東西古今の文化を自國に綜合し、調和し、統一することに沒頭し、天涯地角普ねく異種異樣の文化を漁さり、埃及研究、波斯研究、印度研究、支那研究西域、蒙古の探檢、北極南極の探征等々、各々之を求めて[illegible]様である。日本に對する研究の如きも頗る精備したもので、之れに關する著述さへ無慮三萬を數へ、其丈けでも一個獨立の圖書館が出來る程で、此等歐米學者の研究調査を通じ、外國人は却て日本人よりも、日本の文化を精到に諒解することが出來ると言ふものさへある。この東西古今文化集大成の氣運は世界戰後の米國、國際政治上に國際經濟上に優越の地位を獲得せる米國に於て、特に大に動きつゝあることは、各著名の大學に於て文化の比較研究の講座が續々新設せらるゝといふ事實ばかりでなく、伊太利文庫、土耳古文庫等が、或は米國側、或は當該國側單獨の經營で或は米國と當該國側との合弁で隨處に設立せられたる事實を見れば明白である。猶太教新派の頭目エス、ワイズ博士を嘗て訪問した際に他年一日紐育に世界の各宗教が、軒をならべて、其精粹を發揚する日を待ち望むといはれたが、其は今日に於ては既に過去の事實で、唯一つ日本のみが百花研秀の文化園に孤負して居るのである。從て若し、日本米國に於て文化的施設を企つ可き時機ありとせば其時機は眼前に純熟して居る。急々如律令、現在こそ實に日本が米國に對し、開國以來積もりに積たる文化的負債の万分の一なりとも償却すべき秋である。The Japanese Culture Centre が米國文化の申さば長者の万燈の中に、日本文化の貧の一燈を點じたいと思ひたつたのは、實にかうした理由と機會とに當面した爲めであります。

如是計畫が一人の力で一朝にして成就せらるゝ筈は固よりありません。御承知のモルガン、ライブラリイはヂエイ、ピイ、モルガン氏の巨萬の私財を以て之を大成する迄には二十五年を要しました。彫刻家バアナアド氏が、フオウト、アシントンの岡に創立した中世紀博物館はロックフエラア家の後援を以てして之を世間に公開する迄には、拾五年の努力を費やした相であります。英國が同文同種の米國に對して、不斷に故國の情報を提供する爲めにホワイト、ホウル、ビルヂイング内に設けて置く Library of England は英國政府直接の經營によると聞いて居ります。伊太利文庫、獨逸文庫皆な同樣であります。それを私のやうな不才非德のものが、しかも徒手空拳で、かうした事業の創立に當らうとするのは、早蕨が拳固かためて春の野を、と申しましやうか。其昔乞食僧のピイタアが十字軍の必要を絶叫したと同じ狂氣の沙汰とも申されましやう。しかし、おうばくの鐵道禪師が一切經を開版する志を立てゝ、一度全國を斗籔行脚して蒐め得た資金を震災救助の爲めに投じ、二度全國を斗籔行脚して漸く其素志を貫徹したといふ、不退轉の覺悟丈けは私にも御座います。

熟慮に熟慮を凝らしました結果この計畫を實現する順序として、事業を大要四段に分かち、第一は準備資金の募集と場所の選定、第二を根本資料の蒐集と維持基金の募集、第三をそうして得たる資料と基金とを本として米國側に對する文化紹介、第四を全部米國側の管理に移して永久的のインスチチユウションとする事とし、第一段の事業中準備基金の募集は之を在留同胞の懇誠に訴へ、場所の選定は創立匇々博物館若くは紐育圖書館の一室を借用することとし、第二段の事業は、日本に歸つて、之を故國の篤志家に諮り、第三段の事業は約三年計畫として、第四段の時機を醸成するやうにありたいと思ひます。幸にして大方在留同胞各位がこの The Japanese Culture Centre 創立の微衷に懇誠を寄せられ、第一期事業を翼成して下さいますならば、直ちに第二期事業故國方面の運動に邁進致したいと存じます。

2　紐育日本文化学会「紐育日本文化学会につきて」（一九二七年）

（「各国ニ於ケル学会関係雑件／米国ノ部」10、外交史料館所蔵）

紐育日本文化學會につきて

國と國との交際は或は政治、或は經濟、通商貿易と種々の關係から親善になつて參りますが、文化と文化の交際程深厚なる旨趣を有するものはありません。これは政治が兎角に國家本位に、經濟が關係者の自己本位になり易いのに、文化のみは根を國家民族の歴史に托しながら、其精華は優に國境を超越して世界的人類的の旨趣を帶ぶるからでありましやう。但し文化の交際と申しても、交際と申す以上は必づ互惠主義、相互對等の土臺に立たなければなりません。然るにこの文化の交際に於て、日米兩國の過去現在を稽へますと、米國は常に施こし、與ゆる側、日本は不斷、求め、貰ふ側で全く、'Give and take' の均衡を失つて居ります。米國は乃ち開國以來常に自ら進んで教育事業に、宗教事業、社會事業、圖書出版新聞雜誌の刊行、留學生の保護獎勵等に巨額の費用を投じ、人材を勞し、日本國內に米國の文化網を張ると許せらるゝ程の努力をして來、また現にして居ますのに、日本はまだ一度も之に酬ゆる施設を米國に於て企てないのであります。凡そ個人の交際でも、貰ふ丈けは貰ふが、一向に返すことはしないとあつては、永く相手の尊敬を繫ぐことは出來ません。米國の口善惡ないものは、米國では自國の文明のベストを擧げて之を日本に寄與して居るのに、日本は只其有り餘りのものを米國に寄こす丈けで、宗教、文學、藝術何一つ日本から進んで米國に貢獻したものはないではないか、と申しますが、一概に之を無稽だと言ひ消すことは出來ませぬ、現に每年米國內で、世界の米國に對する貢獻紀念の展覽會を催しますが、日本の出品は殆ど皆無であります、この點からのみ考へても、日本は夙に自國文化の精粹精美を親善の隣國に寄與するといふ、文化施設に着手すべき筈でありました。然るに我國に於ては維新以來今日に至る迄、政治問題財政問題等が常に頭燃焦眉の急を告げて居た爲めでもありましやう、文化の問題の如きは漸やく近年注意を惹く樣になつた許りで、況して文化の對外施設に於ては、一擧手一投足の勞さへ取る遑もなかつたのであります。これが日米の文化關係に於て相互主義の平衡を失つた源因でありましやうが、日米の關係も爾來暗運默移して、今や正に竿頭一歩を進めて、新生面を開拓すべき時季に差迫つて居ります、移民問題は米國側の反省なき限り急に改まる望もありますまいが、貿易の上から、金融關係からまた對支問題、軍縮問題等から、日米の國交ます〳〵密接になつて參ります、また、さうして行かなければならないのでありましやう。それにはどうしても、文化互惠の施設に於て、日本は大に自强刷新する處がなければならない道理であります。今次に紐育に計畫せられた The Japanese Culture Centre は實にこの點に切々細々の思を致した結果で、常に兩國の親善に懇誠を捧げらるゝ大方は必づ滿腔の贊意を表せられ、之が完成に盡力せらるゝ事を信じて疑はないのであります。

紐育に於ては既に久しく同地に日本文化紹介研究の中心たる可き施設の必要を感じ、時々其議があつたのでありますが、昨冬愈々時機純熟して、紐育日本人會に過去八年間書記長をした角田柳作氏は斷然この事業の創設に餘生を傾くることゝなり、日本人會の理事會は滿場一致を以て之を後援をなす決議を通過し、在紐育總領事齋藤博氏、華盛頓の大使松平恒雄氏、參事官澤田節藏氏も其を各方面に馳せて熱心盡力せられ、能く之を全力に發表するや、米國側の反響も非常に芽出たく、この擧に贊成するもの續々として、前駐日大使の令弟にして華盛頓の議會圖書館に修史の業に從ひつゝあるフレデリック、バンクロフト博士、米國彫刻家の第一人者にして、中世紀博物館の創設者であり、更に又インタアナショナル、アート、センタアの發企者たるヂョオヂ、グレイ、バアナアド氏、ブルックリン博物館の東洋部主任にして、日本にも數次來遊せられ日本以外では日本に關する最大藏書家だと自任して居るスチワアト、キユウリン博士、紐育市立博物館武具部の主事にして、ダイクマン、ハウスの管理者たるバンフオード、ヂイーン博士、世界各國文化の交換を目的とせる國際教育會の主事ステフエン、ダガン博士、コロムビヤ大學教育部の學頭にして、支那團匪事件補償金委員たるパウル、モンロウ博士、基督教聯盟の書記長シドニイ、ギユウリック博士、ロックフエラア研究所の野口英世博士ジヤパン、ソサエチイの副會頭にして、東京大學の御雇教師たりしアレキサンダア、チイゾン氏、ユーナイテッド、プレッスの通信員にして「創造的自由」の著者である新聞記者哲學者のジエイ、ダブリユー、メイソン氏等皆其評議員たることを快諾され、紐育タイムスは秩父宮殿下歡迎の記事と合せてこの計畫を詳細紹介し、モルガン財團のラモント氏を社長とせるイヴニング、ポストは、一月三日發行の同紙記事以外社説迄掲げて、熱心にこの事業の完成の爲めに日米兩國民の協力を奬めて居ります。其上に、國際敎育會では其圖書會館たるコロムビヤ大學敎育科の新設會館ラッスル、ホウルの自由使用を承諾せられ、バアナアド氏は其ア・ト、センタアの成る日は、其建築の使用を豫約せられて居ります。今この The Japanese Culture Centre の規模目的事業を摘要します、其紐育同胞間に發表せられたる第一聲明書にある通り

The Japanese Culture Centre とは、簡單に申さば日本二千有餘年文化の實相と、其文化が他國異種の、特に西洋の、又特に米國の文化と接觸せる際に起つた問題の眞相を、明らかにする爲めに、第一に根本資料の蒐集整理展覽、第二に其調査研究報告等を使命とする機關で、資料の蒐集展覽といふ方面からは一種小形の日本博物館、展覽會、陳列所で、邦文のものは勿論、世界各國語で出版せられた日本及び日本人に關する圖書の整備といふ方面からは小規模の日本圖書館、また相當包括的に組織的に調査研究を繼續する點からは變態の私學院、常例講演を設けて調査研究の結果を公演する點からは宗敎宗派を超越せる特種の敎團、或は圖書の刊行に、或は通信に或は招請に應じて弘く日本文化の說明紹介にあたるといふ側からは文化情報局と申せぬ事もありません。

で、大體は紐育にある他國の文化事業、佛蘭西、西班牙、獨逸、伊太利其他各國のものと略ぼ揆を一にし會館としては、差當りコロムビヤ大學敎育科の新設ラッセル、ホールの三階を用ゐ、茲に

(一)圖書館　を設けて、一に英語及他の外國語に成る日本關係の圖書、二に、日本語の日本の典籍を蒐集展覽する事、外國語の書籍は基金を以て購入し、日本典籍は凡て寄附寄送に仰ぐ事

(二)歷史館を附設し、宗敎を中心とし、日本の歷史を五區分とし、其時代々々の文學藝術其他の史料を聯ね、文化を讀書以外味解色讀するの途を開く事、この各區の出品は神道、佛敎各宗、儒敎、基督敎、及其時代々々に發達繁昌せる都市の寄贈に待つ事。

(三)現代館　を附設し、日本の文化は未だ過去のものにあらず、現に生々溌剌として、維新の大業明治大正の盛代も之によりて日新改造の實を擧ぐるを得たることを示さんが爲めに、新日本の建設に貢獻せるもの丶傳記資料を備付くる事、出品は關係者の寄贈に依ること。

といふのが大要であります。歴史館現代館を見て日本の文化に興味を懐くやうになれば、進んで圖書館で研究を繼ける講演に出席をする。講演や讀書で不可解の點があれば、現代館歷史館で具體的の實例につきて其眞趣を味ふことにするといふ設備であります。

この事業が米國人に日本の文化を紹介することを主眼として居ることは申す迄もありませんが、彼土に留學して卒業論文を起草せんとする多數の學生、遠く故國の文化と別れてしかも進んで米國の文化に貢獻することも出來ず、自然其點から退歩勝ちにある同胞、太平洋沿岸第二世の東部の群集するものに、相當の効果を及ぼすことは一言して置くべきことゝ思ひます。

諺にも羅馬は一日にして成らずと申しますが、華盛頓の記念碑も世界各國から寄附した石を積みたてゝ天を摩する高さに達したのでありますから、若し我日本の朝野を擧げて、この對米文化施設の大切な點を諒解せられ、貴き、美しき、善きものを米國に寄與しやうといふ運動に御熱誠を運んで下さつたならば、長者の萬燈、貧の一燈とも申します、大方の協力で、米國文化の眞唯中に日本文化の常夜の燈明臺を作ることも敢て至難の事ではないと信ずるのであります。

この計畫に御賛成の方は米國の日本に對する文化施設か殆ど全く米國人の寄附行爲になつたことを記憶せられ、資力ある方は維持基金を、藏書家は古典を、出版業の方は新刊の書籍を、著者は其著を、藝術家工藝家は其作品を、是非御割愛下すつて、日本國民が初めて米國に對し自國文化の精粹を與ゆるといふ、この自主他愛の運動を御援助下さいまし、よく對外のことは外務の仕事と申しますが、文化の對外施設は外務關係の仕事である許りでなく、宮内省文部省内務省商工省其他凡て日本の文化經營に當たる凡ての協力を必要とする仕事であります。從來日米關係に至誠を御運び下すつた政治家實業家、金融、貿易の當事者は勿論でありますが、更に宗教家教育家學者文藝の各方面に從事せらるゝ方々、わけては一門一族に日本の歷史を代表せらるゝ華族貴族の方々の御協賛を必要とする事業であります。

下名等平常日米の親善を念として居る者深くこの擧に賛同し、進んで創立委員としてこの新事業を翼成することに微力を致す事となりましたに付ては、玆に書を裁して、弘く天下同感同士の御方の御賛助を祈る次第であります。

紐育日本文化學會

創立委員

角田柳作年譜

一八七七(明治一〇)	一月二八日	群馬県勢多郡津久田村に生れる
一八八二(明治一五)	六月二一日	父庄作が死去
一八八三(明治一六)		津久田村立鳩杖小学校入学
一八九〇(明治二三)	一月	中学入学の準備のため角田伝宅に寄寓
	四月	群馬県尋常中学校入学
一八九三(明治二六)	一〇月二五日	群馬県尋常中学校退学
	一〇月二七日	東京専門学校文学科入学
一八九六(明治二九)	七月二九日	東京専門学校文学科卒業
		「未解放部落問題」に取組もうとするが断念
一八九七(明治三〇)	一月	民友社入社
	五月四日	『井原西鶴』刊行
一八九九(明治三二)	二月一三日	翻訳書『社会之進化』刊行
	四月	人民新聞社退社
	八月	京都真言宗聯合高等中学林赴任
一九〇〇(明治三三)	一月二八日	角田やすと入籍
	三月	真言宗の上田照遍、長谷寶秀に学びはじめる
一九〇一(明治三四)	一月	同志社神学部で聴講する
一九〇二(明治三五)	八月	京都真言宗聯合高等中学林退職
一九〇三(明治三六)	四月四日	福島県立福島中学校教諭心得
一九〇四(明治三七)	八月一〇日	翻訳書『ヴント倫理学史』刊行
一九〇八(明治四一)	九月一三日	皇太子の福島中学校行啓、「角田事件」おこる

	一〇月三日	宮城県立仙台第一中学校教諭
一九〇九（明治四二）	四月三〇日	宮城県立仙台第一中学校辞職
	五月一五日	横浜港出航（二四日　ホノルル港到着）
	五月二八日	本派本願寺ハワイ中学校長就任
一九一〇（明治四三）	四月	ハワイ中学校女子部設置（一一年高等女学校として独立）
一九一二（明治四五）	五月四日	病気のため一時帰国
	八月七日	ハワイ中学校長辞職
一九一三（大正二）	一月一一日	横浜港出航（二一日　ホノルル港到着）
	二月	布哇日日新聞社記者（一一月退社）
一九一四（大正三）	一月二三日	"The Essence of Japanese Buddism" 刊行
一九一五（大正四）	一二月	本派本願寺ハワイ教団学務部長就任
一九一七（大正五）	一月一五日	『書斎、学校、社会』刊行
	二月二四日	本派本願寺ハワイ教団学務部長辞任
	三月	『日本語読本』完成（一九一四年三月から編纂着手）
	三月二一日	ホノルル港出航（二七日　サンフランシスコ到着）
		コロンビア大学・クラーク大学の聴講生となる
一九一八（大正七）	六月五日	コロラド日本人会（のち山東日本人会に改組）書記長就任
一九一九（大正八）	一月二七日	山東日本人会書記長辞任
	二月三日	ニューヨーク日本人会幹事就任
		在留日本人の「人口調査の事業」に協力
一九二一（大正一〇）	六月一四日	ニューヨーク日本人会書記長就任
	七月	ハワイから家族合流
一九二二（大正一一）	一一月	故高峰譲吉の記念事業として「日米関係資料となるべき図

		書室」の特設を提言
一九二三(大正一二)	八月	排日に反対する在米同胞代表者会議(シアトル)に出席
一九二四(大正一三)	一月三〇日	日本人宿屋組合主催の移民法講演会で講演
	二月一一日	『大阪朝日新聞』に「米国の排日運動」連載(二月一七日まで、七回連載)
一九二六(大正一五)	この年	「日本文化学会」実現に向けて奔走
	一〇月	「The Japanese Culture Centre の創立に就て」配布
	一〇月三一日	日本人会退職
	一二月一七日	日本人会主催の「帰朝送別晩餐会」
	一二月末	『ニューヨーク・タイムズ』などにインタビュー掲載
一九二七(昭和二)	一月四日	資料収集と資金募集のためロサンゼルスから帰国へ
	二月一二日	外務省に協力を要請
	三月一二日	早稲田大学関係者による帰国歓迎会
		「日本文化学会」設立に向け、支援者の獲得や図書・資料の収集に奔走
一九二八(昭和三)	三月一三日	日米文化学会の正式発足(日本工業倶楽部)、本部は成蹊学校(本郷駒込)、角田はニューヨーク側主事となる
	四月二一日	東京出発、ドイツ・フランス・オランダなどの日本文化研究の現状を視察(五月、ニューヨーク帰着)
		議会図書館・バージニア大学など、各地を視察。コロンビア大学との折衝進む
一九二九(昭和四)	五月上旬	コロンビア大学の受入れが正式に決定(図書館四一四号室)
	七月三〇日	The Japanese Culture Center(日米文化学会)の発足(ダウ

		ンタウン協会)、委員長J・グリーン、角田は「文書役」(図書館主事兼事務局長代理)
	九月二日	日米文化学会の開館
	九月四日	資料収集のために日本に帰国(三〇年二月二一日、ニューヨーク帰着)
	一二月一七日	岩崎小弥太(日米文化学会日本側理事)、グリーン(アメリカ側委員長)と日米文化学会に関し協定交換 日米文化学会の恒久的移管について各方面と折衝
一九三〇(昭和五)	秋	コロンビア大学のモンロー教授(日米文化学会副委員長)の訪日
一九三一(昭和六)	二月七日	日米文化学会アメリカ側委員会でコロンビア大学に収集資料の寄付を決定
	三月	コロンビア大学で恒久的受入れを発表(「日本文庫」) 「日本研究施設」の創設と角田の図書館主事・講師としての契約も発表
	この頃	日本の日米文化学会は「日本文化学会」に、アメリカの日米文化学会は「日本研究会」となる
	九月	「日本研究施設」・歴史学部における角田の授業「日本の歴史と文学」開始
一九三二(昭和七)	六月二日	資料収集のため日本に帰国(三三年夏、ニューヨーク帰着)
一九三三(昭和八)	一〇月	「日本文庫」所蔵の古文書・絵画の展覧会開催
一九三五(昭和一〇)	四月	「日本文庫」の移転(図書館二〇七号室)
一九三六(昭和一一)	三月一三日	妻やす死去

	六月七日	妻やすの葬儀のため日本に帰国(九月帰着)
	一一月	″The Review of Religion″創刊、編集委員となる
	一一月三〇日	鈴木大拙の歓迎会、角田が鈴木を紹介
一九三八(昭和一三)	一月	資料収集のため日本に帰国(九月帰着)
	五月	日本図書館協会総会で講演(「米国に於ける日本研究」)
	六月	朝鮮・中国の視察旅行(四〇日間)
一九三九(昭和一四)	一二月	日本文化会館がロック・フェラーセンター・ビルに開館
一九四〇(昭和一五)	二月二〇日	日本文化会館で講演(「日本文化の堆積的見解」)
一九四一(昭和一六)	八月	帰国者に「日本文庫」への蔵書寄贈を呼びかけ
	一二月九日	FBIによる拘引、エリス島に連行(一六日 日本への出入国について聴取)
一九四二(昭和一七)	一月一五日	敵国人関係審査委員会(連邦地方裁判所に設置)の査問
	三月二四日	身柄解放(仮釈放)、ヘンダーソンが身元引受人 勤務に復帰、授業も担当する
	六月九日	日本への送還を断わる
一九四三(昭和一八)		ハーバード大学グループの日本文化財調査に参加
一九四五(昭和二〇)	一一月一五日	角田に対する監視の解除
一九四七(昭和二二)	三月	「日本文庫」で「日本稀書の展覧会」開催
	一一月	ミシガン大学で「文化史」の集中講義
一九四八(昭和二三)	三月	「日本文庫」主事を退職
	四月	「日本文庫」で「角田氏引退記念歴史資料展覧会」開催
一九四九(昭和二四)	三月	コロンビア大学に東アジア研究所設立
一九五〇(昭和二五)	五月	オックスフォード大学の夏期講座などに参加(九月まで)

一九五一(昭和二六)	五月	日本に帰国(九月帰着)
一九五二(昭和二七)		コロンビア大学の日米文化交流プログラム作成に参画
一九五三(昭和二八)	五月	最終講義　学長ら関係者によるレセプション
	六月三〇日	コロンビア大学の教職を正式に退任
一九五四(昭和二九)	一二月	自動車事故でけが(日本帰国延期)
一九五五(昭和三〇)		日本に帰国
		国際文化会館における「アメリカ思想史連続講義」
	九月	前橋高校で講演(「人の世の光」)
一九五八(昭和三三)	八月	編著 "Sources of the Japanese Tradition"(『日本の伝統の源泉』)刊行
一九六〇(昭和三五)		日本政府から「勲三等瑞宝章」を授与
一九六一(昭和三六)	九月	コロンビア大学「中国・日本学部」で「古典文学読解」と「明治文学」の授業
一九六二(昭和三七)	六月	ハワイ大学東西文化交流研究センターで研究(六三年四月まで)
	一〇月六日	コロンビア大学から「名誉文学博士号」を授与
一九六四(昭和三九)	一一月二九日	日本へ帰国のためハワイ滞在中に死去
	一二月一日	ホノルルで葬儀(一二月一二日　東京築地本願寺で追悼会、一二月一五日　コロンビア大学礼拝堂で追悼礼拝)
一九六六(昭和四一)		"RYUSAKU TSUNODA SENSEI" 刊行

参考文献

角田保太郎『思い出の記』一九四〇年
角田恵重『近世群馬の人々　角田柳作』みやま文庫　一九六三年
"RYUSAKU TSUNODA SENSEI", Columbia University, 1964.
柳井久雄『角田柳作先生――アメリカに日本学を育てた上州人』上毛文庫32　一九九四年
『上州風』「特集　ＳＥＮＳＥＩ／せんせい」第四号、二〇〇〇年九月
赤城村教育委員会編『文化財関係資料集（第七集）角田柳作』二〇〇五年
早稲田大学図書館編『角田柳作記念文庫目録』二〇〇七年
「面影――前紐育日本人会書記長　角田柳作君」『早稲田学報』第三八八号　一九二七年六月
「角田柳作氏にアメリカを聴く」『早稲田学報』第六五二号　一九五五年七月
座談会「アメリカの真実を認識せよ」『心』一九五五年八月
『前田多門　その文その人』前田多門刊行会　一九六三年
ドナルド・キーン「ニューヨークの一人の日本人　わが師角田柳作先生のこと（この人のことを知ってほしい）」『文藝春秋』一九六二年五月（『日本との出会い』〔中央公論社、一九七二年〕所収）
同「海外における日本研究」『二つの母国に生きて』朝日選書　一九八七年
同「恩師　角田柳作先生」『早稲田学報』一九九四年四月
同『私と二〇世紀のクロニクル』中央公論新社　二〇〇七年
永井道雄『異色の人間像』「日本をたずねる生涯の旅　角田柳作」講談社現代新書　一九六五年
『坂西志保さん』編集世話人会『坂西志保さん』国際文化会館　一九七七年

『斉藤勇著作集　別巻　なつかしき人々』研究社　一九七八年
山本信男「図書館人としての角田柳作先生」『早稲田大学図書館紀要』第一九号　一九七八年
大村喜吉「角田柳作」『国際交流』第三三号　一九八二年一〇月
三菱社誌刊行会編『三菱社誌』第三五巻　一九八二年
E・サイデンステッカー『私のニッポン日記』講談社現代新書　一九八三年
阿部善雄『最後の「日本人」――朝河貫一』岩波書店　一九八三年
国際交流基金編『米国における日本研究』国際交流基金　一九八九年
司馬遼太郎「街道をゆく　ニューヨークの散歩　角田柳作先生」『週刊朝日』一九九三年四月三〇日
（同『街道をゆく』「ニューヨーク散歩」〔朝日新聞社、一九九四年〕所収）
長田弘「司馬遼太郎への手紙」『図書』岩波書店　一九九四年三月
石垣綾子『石垣綾子日記』上巻　岩波書店　一九九六年
佐藤能丸「角田柳作と早稲田大学」『早稲田大学記要』通巻二八号　一九九六年九月（同『異彩の学者山脈』〔芙蓉書房出版、一九九七年〕所収）
鹿野政直「角田柳作　その歩みと想い」『早稲田大学記要』通巻三三号　一九九七年九月
内海孝「角田柳作のハワイ時代――一九〇九年の渡布前後をめぐって」『早稲田大学記要』通巻三四号　一九九八年七月
同「角田柳作のハワイ時代再論――一九〇九～一七年の滞在期間を中心にして」『早稲田大学記要』通巻三五号　一九九九年七月
同「角田柳作と『日本語読本』の編纂」『草思』第一七号　二〇〇〇年九月
同「角田柳作のコロラド時代」『東京外国語大学論集』第七五号　二〇〇七年
ヒュー・ボートン『戦後日本の設計者』朝日新聞社　一九九八年
守屋友江「二〇世紀初頭ハワイにおける国際派仏教徒たち――角田柳作と今村恵猛を中心に」『近代仏教』第七号　二〇〇〇年三月

写真出典一覧

口絵	角田柳作	"RYUSAKU TSUNODA SENSEI"
	福島中学校の同僚・生徒とともに	佐藤能丸「角田柳作と早稲田大学」（『早稲田大学記要』通巻二八号、一九九六年九月）より転載
	仙台一中の野球部員とともに	佐藤論文
	布哇高等女学校の実科卒業生とともに	佐藤論文
	図書・資料蒐集のために日本に帰国したとき	佐藤論文
	角田の書	佐藤論文
	ジョージ・サンソムと	コロンビア大学C．V．スター東亜図書館＊
	親戚とともに	佐藤論文
一一頁	生家に残る土蔵	佐藤論文
	角田柳作中学時代ノート	角田修氏＊
	群馬県尋常中学校退学聞届書	角田修氏＊
	柳作入学当時の早稲田	早稲田大学＊
一三頁	東京専門学校時代の学友と	角田修氏＊
	大西祝「哲学史」講義ノート	角田修氏（群馬県立文書館寄託）＊
	東京専門学校文学科第四回卒業文集『へだてぬとも』	早稲田大学中央図書館＊
	角田柳作著『井原西鶴』	角田修氏＊
一七頁	ベンジャミン・キッド著『社会之進化』	角田修氏＊

二三頁	一九〇八年頃の家族写真	角田修氏（群馬県立文書館寄託）＊
	福島中学野球部	角田修氏＊
	仙台第一中学校教員時代	角田修氏（群馬県立文書館寄託）＊
二七頁	布哇中学校長時代	角田修氏（群馬県立文書館寄託）＊
	角田「布哇中学校及布哇高等女学部現況」	『布哇殖民新聞』一九一一年四月一〇日
	ハワイ時代の柳作	角田修氏（群馬県立文書館寄託）＊
	『書斎、学校、社会』表紙	東京大学総合図書館蔵
四三頁	スタンレー・ホール	『アメリカ心理学史』所収
四九頁	「紐育日本人会」広告	『紐育新報』一九一九年二月五日
	家族と	星野富士子氏＊
五一頁	角田「米国の排日運動」	『大阪朝日新聞』一九二四年二月一一日
六一頁	「The Japanese Culture Centre の創立に就て」	「本邦ニ於ケル文化研究並同事業関係雑件」、外交史料館所蔵
六三頁	斉藤博	『ふるさと長岡の人びと』所収
六八頁	『国民新聞』一九二七年五月一八日	
七三頁	岩崎小弥太	『岩崎小弥太小伝』所収
	青木菊雄	『岩崎小弥太小伝』所収
七五頁	「所謂角田柳作君の文化事業」	『日米時報』一九二六年一二月二五日
七九頁	『日米大学学窓』第一号	「外国学校関係雑件　米国之部」外交史料館所蔵
八一頁	『朝日新聞』一九二九年二月一五日	
八五頁	"THE NEW YORK TIMES" 一九二九年七月三一日	

	"JAPANESE CULTURE CENTER AT COLUMBIA UNIVERESITY"	コロンビア大学文書館
八七頁	丸ビル	『岩崎小弥太小伝』所収
九五頁	角田柳作	角田修氏（群馬県立文書館寄託）＊
	"THE NEW YORK TIMES" 一九三一年三月一七日	
一〇三頁	角田メモ	早稲田大学中央図書館「角田柳作文庫」所蔵
一一一頁	ジョージ・サンソム	"SIR GEORGE SANSOM AND JAPAN" 所収
	教員スタッフ"Courses in CHINESE AND JAPANESE" 1935-1936	コロンビア大学文書館
	講義概要　同 1935-1936	コロンビア大学文書館
	講義概要　同 1940-1941	コロンビア大学文書館
一二四頁	"The REVIEW of RELIGION" 創刊号表紙	
一二五頁	"Sources of the Japanese Tradition" 第二〇章	
一三七頁	「二個国語本位教育論」	『紐育新報』一九二〇年一月一日
	「人間平等性の行進曲　復興日本の新教育」	『紐育新報』一九二三年一二月二九日
一三九頁	「日本文化の六大特色」	『紐育新報』一九二六年七月一〇日
一四三頁	「移り行く日本」	『紐育新報』一九三三年一二月三〇日
	ＶＩＳＡ関係資料	ＦＢＩ資料
一四七頁	『読売新聞』一九三八年八月三〇日	

一五三頁	「支那に行って来て」	『紐育新報』一九三九年一月一日
一五七頁	「PERIPATOS」	『紐育新報』一九四〇年九月一八日
一六五頁	逮捕令状	FBI資料
	拘留時の個人情報	FBI資料
一六九頁	「現況報告」	FBI資料
	視察報告	FBI資料
一八一頁	「TRYON記」	『北米新報』一九四七年一月一日
	尾崎行雄歓迎委員会	『ニューヨーク便覧』一九五六年所収
	「日本の歴史と文化展」	"COLUMBIA ALUMNI NEWS" 一九四八年春
一八五頁	コロンビア大学東アジア図書館「日本文庫」読書室	The East Asian Library "EAST ASIAN STUDIES"
	"NEW YORK HERALD TRIBUNE" 一九五三年五月一七日	
一九九頁	ニューヨーク日本人会記念パーティ	コロンビア大学＊
	Kent Hall	The East Asian Library "EAST ASIAN STUDIES"
二〇一頁	VISA関係資料	FBI資料
	"THE NEW YORK TIMES" 一九六四年一二月一日	

＊は「角田柳作WEB展」（早稲田大学図書館）からの転載

おわりに

一九九七年から九九年にかけて、ニューヨークのコロンビア大学東アジア研究所の客員研究員として滞在する間、自由に出入りし、歩かせてもらったケント・ホールの東アジア図書館の書庫のことは、いまでもなつかしく思い出す。この膨大な日本関係の蔵書の第一歩が角田柳作によって蒐集されたことは、当初、十分に意識していなかった。それでも、角田の名は、D・キーンさんの回想、鹿野政直先生や佐藤能丸・内海孝さんら早稲田大学関係者の先駆的な仕事により、また「学問と情熱」シリーズのビデオ（第三巻「アメリカにおける日本学の祖」）により、なじみのあるものであった。このコロンビア大学滞在の機会に、佐藤さんらからは大学文書館などの調査を宿題として課せられていた。

半年ほど過ぎて、その宿題にとりかかり、大学文書館では教職の履歴や「講義要綱」などの調査にとどまったものの、戦後の角田にもっとも近しかった甲斐美和さんから「先生」のお話をうかがう機会を得て、角田への関心が深まっていった。とくに、『紐育新報』などの日系新聞に角田が数多くの文章を載せていることを知り、それらを収集し読み進めると、「東西文明の渾融」を求め、不惑の年齢で「アメリカニズム」を改めて学び、「日米文化学会」の構想をみごとに実現していく角田の人間像が、浮かびあがってくる実感を味わった。しかも、デモクラシーに傾斜したかと思えば、日本の中国侵略に肯定的な論調も示し、一転して日米戦争下では日本の軍国主義の跳梁に強い危惧も抱くなど、その思想転回の様相はそれまでの角田論では触れられてこなかったことだけに、一層角田に引き寄せられていった。九九年春の帰国までに、おおよそのニューヨーク時代の角田の輪郭をまとめ、帰国後は外交史料館や三菱史料館などで関係史料の補充収集に努めた。

こうして私も角田研究に関わるようになり、佐藤・内海さんと共著のかたちで角田の評伝を構想することになったが、その後、進展をみることができなかった。二〇〇七年一〇月、早稲田大学創立一二五周年記念として「角田柳作展―日米の架け橋となった"Sensei"」と国際シンポジウムがおこなわれた。それらで示された群馬・東京・京都・福島・仙台時代とハワイ時代の新史料と新知見は角田研究にとって大きな深化であったが、ニューヨーク時代については未開拓のまま残されている、と思われた。

そのため、すでに一〇年以上前の調査と執筆ではあるが、現在の角田研究にニューヨーク時代を付け加えることは意味あることと考え、佐藤・内海さんのご了解をいただき、公表を考えるようになった。ニューヨーク時代を主題とするとはいえ、角田伝の一つとして日本時代・ハワイ時代についても不可欠と考え、第一章に概略を記した。それはコロラド時代も含め、とくに内海さんの綿密な先行研究に負うところが大きい。

このような経緯にご理解をいただき、本書の出版をこころよくお引き受けくださった芙蓉書房出版の平澤公裕氏に深甚の謝意を表したい。角田の人となりを語ってくださった甲斐美和さん、史料収集に際して便宜を図っていただいたコロンビア大学図書館・同東アジア図書館・同アーカイブス、早稲田大学図書館、外交史料館、三菱史料館に厚くお礼を申しあげる。また、角田と出会う在外研究の機会を与えていただいた小樽商科大学と緑丘会にも、この機会にあらためてお礼を申しあげる。

二〇一一年三月一〇日

荻野　富士夫

著　者
荻野富士夫（おぎの ふじお）
1953年埼玉県生まれ。1975年早稲田大学第一文学部日本史学科卒業。
1982年早稲田大学大学院文学研究科博士課程修了。1987年より小樽商科大学商学部勤務。現在、小樽商科大学教授。
主要編著書に、『特高警察体制史』（せきた書房、1984年、増補版1988年）、『戦後治安体制の確立』（岩波書店、1999年）、『思想検事』（岩波新書、2000年）、『小林多喜二の手紙』（編著、岩波文庫、2009年）、『中国侵略の証言者たち』（共編著、岩波新書、2010年）がある。

太平洋《たいへいよう》の架橋者《かきようしや》 角田柳作《つのだりゆうさく》
——「日本学」のSENSEI——

2011年 4月25日　第1刷発行

著　者
荻野富士夫《おぎのふじお》

発行所
㈱芙蓉書房出版
（代表 平澤公裕）
〒113-0033東京都文京区本郷3-3-13
TEL 03-3813-4466　FAX 03-3813-4615
http://www.fuyoshobo.co.jp

印刷・製本／モリモト印刷

ISBN978-4-8295-0508-3